천국과 지옥 간증 수기 3

성경편 제1권 - 창세기

서사라 지음

"천상에서 창세기에 나온
믿음의 선진들과 만나 대화하다."

하늘빛출판사

천국과 지옥 간증 수기 3

성경편 제 1 권 – 창세기

서사라 지음

제 1 부 (2014. 7. 20 ~ 8. 12)

01
인간은 선악과를 따 먹은 이후에
선악이 아니라 시비를 가리게 되었다
2014. 7. 20 ● 16

02
휴거 때의 나팔은 하나님의 나팔인 것을
알게 하여 주시다 2014. 7. 21 ● 28

03
창세기 3장 15절의 말씀이 이루어
짐을 말씀하시다 2014. 7. 21 ● 32

04
'담대하라 내가 세상을 이기었노라.'
2014. 7. 21 ● 40

05
아담과 하와는 지금 어디에 있는 것인
가? 궁금증이 생기다
2014 .7. 22 ● 41

06
아담과 하와의 이야기는 우리의
이야기이다 2014. 7. 22 ● 44

07
지옥에서 종교 지도자 OO을 보다
2014. 7. 22 ● 59

08
여호와의 불로 사라지는 옛뱀, 즉 사단
2014. 7. 24 ● 61

09
아담과 하와가 지옥에 있는 것을 보다
2014. 7. 25 ● 64

10
아담과 하와가 지옥에 와 있는 이유
2014. 7. 25 ● 68

11
천국에서 아벨을 만나다
2014. 7. 25 ● 72

12
아벨이 이 시대 사람들에게 전하는 말
2014. 7. 28 ● 79

13
최근에 자살한 목사님이 지옥에 있음을
보다 2014. 7. 28 ● 81

14
노아의 홍수로 다 쓸어버리시고 다시
시작하시는 하나님 2014. 7. 29 ● 83

15
주님이 아브라함에게 나타난 멜기세덱
이 '나야!'라고 말씀하시다
2014. 7. 29 ● 88

16
천국과 지옥 간증 수기, 성경편 제 1 권과 제 2 권에 들어갈 내용을 말씀해 주시다 2014. 8. 1 • 98

17
하나님의 전지하심이 어느 정도인지 알게 하시다 2014. 8. 2 • 106

18
우리는 이삭처럼 태어났고 또 이삭처럼 살아야 함을 말씀하시다
2014. 8. 2 • 115

19
사라가 나에게 '대저 여호와의 말씀은 이루어지지 아니하는 것이 없도다.'는 말을 가져가기를 원했다
2014. 8. 4 • 119

20
모세의 궁 안쪽의 구조가 밝혀지다
2014. 8. 4 • 124

21
주님은 내가 사도 요한과 함께 책을 하나 써야 한다고 말씀하셨다
2014. 8. 5 • 128

22
사라도 하나님의 말씀은 반드시 이루어진다는 것을 믿었다 2014. 8. 5 • 132

23
롯과 롯의 아내를 보다
2014. 8. 5 • 135

24
롯은 하나님의 영광이 해같이 빛나는 천국 안에 없다 2014. 8. 5 • 139

25
천국에는 아담과 하와라고 이름이 붙여진 천사들이 있다 2014. 8. 9 • 143

26
아담과 하와가 지옥에 있음을 다시 확실히 하여 주시다 2014. 8. 9 • 147

27
아담과 하와가 있는 지옥을 다시 가보다
2014. 8. 11 • 151

28
롯이 성 밖에서 슬피 울고 있다
2014. 8. 11 • 154

29
순교자들이 가는 궁을 가보다
2014. 8. 12 • 157

제 **2** 부 (2014. 4. 3 ~ 4. 29)

30
주님이 "천국에는 소수가 들어온다."
고 말씀하신다
2014. 4. 3 ● 162

31
주님이 십자가에 못 박히실 때에
왼편의 강도를 지옥에서 보다
2014. 4. 4 ● 165

32
지상에서 못 다해 본 일을 천국에서
하게 하셔서 나를 위로하시는 하나님
4. 3 (승마), 4. 5 (유람선), 2014. 4. 8
(아름다운 섬) ● 167

33
종교 지도자 OO이 천국에 없는 것을
보다
2014. 4. 9~11 ● 175

34
앞으로 펴낼 천국 지옥 간증책 두 권에
대하여 회의실에서 의논하다
2014. 4. 11 ● 177

35
나는 내 집으로 들어가는 황금대문을
처음으로 보다 2014. 4. 13 ● 180

36
3일 전 소천하신 동료 여자 목사님을 천
국에서 보다
2014. 4. 15 ● 184

37
주님은 남한의 인구 3/4 이 아직 예수를
모른다고 말씀하시다
2014. 4. 15 ● 186

38
주님은 어떻게 하면 내가 천국에서 왕권
을 가질 수 있는지를 보여주시다
2014. 4. 16 ● 188

39
주님은 OO이 천국에 없는 이유를 말씀
하시며 산상수훈의 중요성을 강조하시다
2014. 4. 17 ● 192

40
주님이 세월호에 대하여 말씀하시다
2014. 4. 18 ● 200

41
주님이 내게 금고 열쇠를 주시다
2014. 4. 18 ● 204

42
주님이 곧 오시는 것을 듣게 하시다
2014. 4. 19 ● 206

43
주님이 금고 열쇠를 빼앗아 가시다
2014. 4. 21 ● 208

44
주님이 금고 열쇠를 다시 주시다
2014. 4. 21 ● 210

45
천국에서 하나님을 찬양하는 악대와
'찬양하라 내 영혼아'를 부르는 흰 옷 입은
무리들을 보다 2014. 4. 22 ● 213

46
한국이 전쟁으로 초토화될 것을 말씀
하시다 2014. 4. 24 ● 216

47
한국을 새롭게 하시겠다고 말씀하시다
2014. 4. 24 ● 218

48
나는 처음으로 유리바닷가의 모래가
다 금가루인 것을 알게 되다
2014. 4. 24 ● 221

49
주님은 모든 고민되는 문제를 주님께
맡기고 먼저 그의 나라와 그의 의를
구하라고 말씀하신다
2014. 4. 29 ● 223

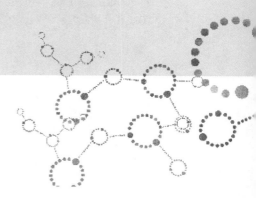

제 3 부 (2014. 4. 30 ~ 5. 15)

50
천국에서 요셉을 만나 첫 번째로 질문하다
2014. 4. 30 ● 228

51
요셉의 집에서 야곱의 가족을 보다
2014. 5. 1 ● 240

52
야곱의 집을 보다
2014. 5. 3 ● 241

53
천국 지옥 간증집회를 기뻐하시는 주님
2014. 5. 5 ● 243

54
천국 지옥 간증집회를 계속하기를 원하시
는 주님 2014. 5. 5 ● 245

55
천국에서 요셉을 만나 두 번째로 질문하다
2014. 5. 6 ● 247

56
천국에서 요셉을 만나 세 번째로 질문하다
2014. 5. 7 ● 253

57
천국에서 야곱을 만나 대화하다
2014. 5. 9 ● 258

58
라헬의 집에 가보다
2014. 5. 10 ● 289

59
요셉이 보디발의 아내의 유혹을 이길 수 있
었던 것은 하나님으로부터 오는 힘이었다
2014. 5. 12 ● 291

60
나를 '친구야!' 하고 부르시는 주님
2014. 5. 12 ● 293

61
천국에서는 수많은 사람들이 동시에 동일
한 한 메시지를 전달할 수 있다.
2014. 5. 13 ● 295

62
천국에서 레아와 라헬과 대화하다
2014. 5. 15 ● 297

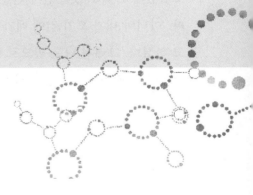

서론

나는 주님의 심부름꾼으로 이전에 천국과 지옥을 보고 나서 '이제도 있고 전에도 있었고 장차 올 자 예수 그리스도'라는 책 제목으로 제 1권과 제 2권을 내었다. 그것은 나의 천국과 지옥 간증수기였다. 그리고 나서 나는 그 책 두 권으로 마치는 줄 알았는데 주님은 또 천국에 있는 내 집에서 다시 다섯 권의 책을 보여주시면서 내가 써야 할 책이라 하셨다. 처음에 나는 도저히 믿기지 않았다. 아니 사실 당황했다. 주님 쓰시라 하시면 세 권까지는 내가 쓸 수 있겠는데 왜냐하면 그 후에도 나는 계속 천국과 지옥을 보고 있었기 때문이다. 그런데 '세 권까지는 쓸 수 있겠는데 다섯 권은 너무 많아요!'라고 주님께 말했다. 그리고 그렇게 할 자신이 없다고 하였다. 그리고 나서 나는 주님께 되묻기를 '주님 제가 이 책 다섯 권을 다 쓰기 전에 주님이 오시겠네요!'라고 웃으면서 반문했을 때에 주님은 이렇게 말씀하셨다. '아니야 내가 오기 전에 네가 이 다섯 권을 다 쓰게 될 것이야!' 라고 하셨다. 그래서 나는 앞으로 이 책 말고 네 권의 책을 더 내게 될 것이다. 그것을 주님이 원하시기 때문이다.

그런데 이 다섯 권의 책들이 어떤 책들이냐 하면 내가 천국에 가서 믿음의 선진들을 만나 성경의 궁금한 것들을 물어본 것들에 대하여 그들의 대답을 쓴 책들이다. 그러므로 어떻게 보면 성경을 이해하는 데 참고가 될 만한 아주 귀중한 자료들이 될 것이라 생각된다. 왜냐 하면 이 책들은 내가 직접 천국에서 성경에 나오는 믿음의 선진들을 만나서 대화한 내용을 적고 있기 때문이다. 나의 질문은 철저히 성경 에서 비롯된 것들이므로 내가 더하거나 빼거나 하는 입장보다 오히 려 성경에 적힌 내용들을 이해하는데 많은 도움이 될 것이라 믿는다. 나는 성경을 수십 번 읽어보았지만 아무리 읽어도 이해가 안 되는 부 분들이 있었다. 그 부분들을 물어본 것이다. 그리고 그 대답들은 참 으로 이해가 잘 되었다. 그들의 대답을 들었을 때에 나는 정말 '아하, 그랬구나! 아하, 그랬구나!'하며 감탄사가 내 입에서 나올 정도였다. 정말 그렇게 성경을 수십 번을 읽어도 이해가 되지 않았던 것들이 그 들의 설명을 듣고 나니 정말 이해가 잘 되었다. 할렐루야.

그리고 또 하나는 나는 주님께 이러한 질문을 가졌다. "주님, 왜 이 러한 것들을 아무 것도 아닌 저를 통하여 이렇게 밝히려 하시는지 요?" 그랬더니 주님은 이렇게 말씀하시는 것이 그냥 알아졌다. 주님 이 곧 다시 오시기 전에 이 모든 것들을 누군가를 통하여 밝히실 계 획이시라는 것이다. 그 누군가가 바로 이 부족한 종인 것 같았다. 나 는 이것이 하나님의 계획이므로 따를 수밖에 없다고 생각했다. 그래 서 이 책이 바로 그 다섯 권의 책 중에서 성경편 제 1권이다. 이 제 1 권의 책은 창세기의 내용을 주로 담고 있다. 그리고 제 2권의 책은 주로 모세와 대화한 내용이 적힐 것이다. 그리고 제 3권의 책은 주로 사도 요한과 계시록에 대하여 이야기한 것이 쓰여질 것이다. 그리고 아직 제 4권과 제 5권의 내용은 주님께서 밝혀 주시지 않았다. 나는 단지 주님께서 쓰라고 하는 것만 쓸 뿐이다.

이 책 성경편 제 1편에는 충격적인 내용들이 몇 가지 나온다. 그중의 하나는 아담과 하와가 천국에 있지 않고 지옥에 있다는 것이다. 우리가 믿는 하나님은 사랑과 공의의 하나님이다. 그분은 우리를 사랑하시기를 자신의 몸을 십자가에 주시기까지 사랑하시지만 그러나 형벌 받을 자는 결단코 면죄치 아니하시는 분이 또한 그분이신 것이다.

우리의 첫 조상 아담과 하와가 지옥에 있다는 사실은 우리로 하여금 다시 한 번 우리의 신앙생활을 돌아보게 한다. 그들이 지옥에 가 있는 이유는 하나님 앞에 죄를 짓고도 회개하지 않았기 때문이다.

그런데 참으로 감사한 것은 천국에서 만난 아벨이 다음과 같이 말했기 때문이다.

내가 먼저 아벨에게 '이 시대에 전할 말을 달라.'하였더니 '철저히 회개하는 자는 천국에 들어온다고 전하여 달라.'고 하였다. 그렇다. 우리에게 필요한 것은 예수님의 피로 죄로 더럽혀진 우리의 옷을 철저히 빠는 회개인 것이다. 회개란 우리의 죄의 고백뿐만 아니라 하나님 앞에 잘못된 우리의 모든 행위를 돌이키는 것이다. 할렐루야.

나는 또한 이 책을 통하여 많은 장로교 사람들이 깨어나기를 원한다. 왜냐하면 장로교에서 거의 신처럼 받들고 있는 종교 지도자 OO이 천국에 없는 것을 보았기 때문이다. OO의 예정론과 또한 예수님의 제한된 속죄 즉 선택받은 자들만을 위해서 죽으셨다는 것 그리고 한번 구원은 영원한 구원인 것으로 주장하는 것은 참으로 성경에서 말하는 주님이 말씀하시는 것과는 거리가 멀다. 성경을 잘 보면 OO주의도 알메니어니즘도 잘 맞지 않다. 그러나 천국에서 주님은 종교 지도자 OO의 사상보다 주님 자신이 하신 말씀을 더 믿으라고 하셨다. 그리고 그분은 산상수훈의 중요성을 다시 한 번 강조하셨다. 할렐루야!

나는 이 마지막 시대에 정말 이 책이 OO주의에 치우쳐서 한번 구원은 영원한 구원이라고 믿는 많은 사람들을 깨워서 그들을 정말로 천국으로 인도하는데 쓰임받기를 바랄 뿐이다. 이 모든 것을 주님이 하셨음을 고백하며 마지막으로 사도 바울이 한 말을 생각하여 본다.

[딤후 4:7-8]
(7) 내가 선한 싸움을 싸우고 나의 달려갈 길을 마치고 믿음을 지켰으니
(8) 이제 후로는 나를 위하여 의의 면류관이 예비되었으므로 주 곧 의로 우신 재판장이 그 날에 내게 주실 것이니 내게만 아니라 주의 나타나심을 사모하는 모든 자에게니라.

LA에서 서사라 목사

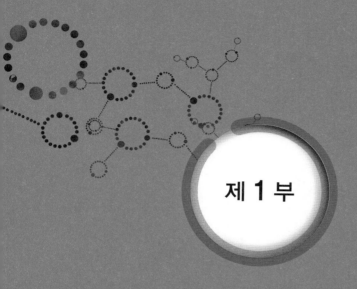

제 1 부

2014. 7. 20

~ 2014. 8. 12

01

인간은 선악과를 따 먹은 이후에 선악이 아니라 시비를 가리게 되었다

2014. 7. 20

천국에 올라갔다.

주님은 바로 나를 모세가 있는 궁으로 인도하였다 (이 모세의 궁에 대하여서는 저자의 천국과 지옥 간증 수기 성경편 - 모세편에 보다 더 상세히 나올 것이다.)

주님과 모세 그리고 나는 모세의 궁 안의 넓은 광장에 놓여 있는 테이블에 앉았다.

나는 모세에게 성경의 어디를 볼 것인지 인도하기를 원했다.

주님은 모세에게 '사라가 말씀을 받을 준비가 되어 있다'고 하는 것을 눈짓으로 전하신다. (나는 이 모든 것이 그냥 알아진다. 천국에서는 마음이 상대방에게 다 전달된다.)

그리하였더니 모세는 나에게 성경 창세기의 '아담과 하와가 벗었으나 부끄러워하지 아니하였다'의 부위로 가기를 원했다.

[창 2:22-25]

(22)여호와 하나님이 아담에게서 취하신 그 갈빗대로 여자를 만드시고 그를 아담에게로 이끌어 오시니 (23)아담이 가로되 이는 내 뼈 중의 뼈요 살 중의 살이라 이것을 남자에게서 취하였은즉 여자라 칭하리라 하니라 (24)이러므로 남자가 부모를 떠나 그 아내와 연합하여 둘이 한 몸을 이룰지로다 (25)아담과 그 아내 두 사람이 벌거벗었으나 부끄러워 아니하니라

그리고서는 주님과 모세는 다음을 나에게 알게 하여 주는 것이었다. 즉 아담과 하와는 그들이 하나님 앞에 죄를 짓고 난 이후에 시비를 가리게 되었다는 것이었다. 즉 옳고 그름 말이다.

뱀이 그들에게 너희가 이 과일을 먹으면 눈이 밝아져서 하나님과 같이 선과 악을 구분하게 될 것이라 말했지만 진짜 선과 악은 하나님이 보시기에 선인 것이 선이고 또 악인 것이 악인 것이다. 하나님 안에서의 선과 악은 우리 인간의 생각과는 다른 것이다.

[창 3:4-5]

(4)뱀이 여자에게 이르되 너희가 결코 죽지 아니하리라 (5)너희가 그것을 먹는 날에는 너희 눈이 밝아 하나님과 같이 되어 선악을 알 줄을 하나님이 아심이니라

그런데 인간의 자기 판단으로 말미암는 옳고 그름은 진정한 의미에서 선도 아니고 악도 아닌 것이다. 왜냐하면 인간이 자기 자신의

판단에 옳다고 판단하는 것이 하나님 보시기에 악일수가 있고 인간의 판단에 악이라고 판단되는 것이 하나님 보시기에 선일 수가 있기 때문이다. 그러므로 그 선악과를 먹음으로 선과 악을 알게 되었다기보다는 더 정확한 의미로 말하자면 결국 인간은 옳고 그름을 따지게 되었다는 것을 나에게 알게 하여 주셨다.

할렐루야. 진실을 깨우쳐 주시는 하나님을 찬양합니다.

그리고 우리 인간은 선악과를 따 먹은 이후에 이 옳고 그름 때문에 즉 시비를 가리는 문제 때문에 얼마나 많은 싸움과 살인과 다툼 등이 우리 인간의 역사 속에서 일어나게 되었는가 하는 것이다.

오 주여!

이 시비를 가리게 된 것이 바로 선악과를 먹은 죄의 결과로 왔다는 것이다. 즉 하나님처럼 선과 악을 알게 된다는 것은 뱀의 감언이설 유혹이었다. 주여!

뱀이 말한 선악을 알게 하는 나무는 결국 하나님의 입장에서 보는 선과 악이 아니라 결국 인간의 자신의 판단에 옳고 그름을 논하게 되는 선과 악을 알게 하는 나무였던 것이다. 인간의 판단으로 선과 악을 논한다는 것이 얼마나 잘못된 것인지..... (하나님 안에서 보는 선과 악은 나중에 예수님이 오신 후에 예수 안에서 보는 선과 악으로 진정한 의미의 선과 악이 회복되게 된 것이다.)

그들이 선악과를 따먹고 나서 그들이 판단하기에 옳고 그름 중의 첫 번째가 그들이 벌거벗은 것이 옳지 못함을 알고 그들은 무화과 나뭇잎으로 그들이 그 부끄러운 곳을 가리게 된 것이다. 그들이 벌거벗은 것은 하나님의 눈에는 사실 잘못된 것이 아니었다. 그래서 그들은 선악과를 먹기 전에는 벌거벗었으나 부끄러워하지 아니하였다고 기록한다.

[창 3:6-7]
(6)여자가 그 나무를 본즉 먹음직도 하고 보암직도 하고 지혜롭게 할 만큼 탐스럽기도 한 나무인지라 여자가 그 실과를 따먹고 자기와 함께 한 남편에게도 주매 그도 먹은지라 (7)이에 그들의 눈이 밝아 자기들의 몸이 벗은 줄을 알고 무화과나무 잎을 엮어 치마를 하였더라

그런 후에 하나님이 나타나셔서 그들을 찾을 때에 아담은 벌거벗었으므로 두려워하여 숨었다고 적혀 있다.

[창 3:8-11]
(8)그들이 날이 서늘할 때에 동산에 거니시는 여호와 하나님의 음성을 듣고 아담과 그 아내가 여호와 하나님의 낯을 피하여 동산 나무 사이에 숨은지라 (9)여호와 하나님이 아담을 부르시며 그에게 이르시되 네가 어디 있느냐 (10)가로되 내가 동산에서 하나님의 소리를 듣고 내가 벗었으므로 두려워하여 숨었나이다 (11)가라사대 누가 너의 벗었음을 네게 고하였느냐 내가 너더러 먹지 말라 명한 그 나무 실과를 네가 먹었느냐

그때에 하나님은 즉시 알아채시고 이렇게 말씀하신다. 내가 너에게 먹지 말라고 한 선악과를 먹었느냐? 그래서 네가 벗고 있음을 옳지 않다고 생각하여 숨었느냐 이런 말이다. 주여!

그들은 그 선악과를 먹기 전에는 그를 지으신 아버지 앞에서 벗고 살아도 부끄러운 줄을 몰랐다. 즉 벗고 살았어도 되었다. 부끄러운 것이 아니었다. 그런데 선악과를 먹고 나서는 그럴 수 없었다. 즉 자기생각에 옳고 그름이 생긴 것이다. 하나님은 그것이 아닌데....

우리는 나의 창조주 하나님 앞에서는 모든 것을 다 벗어도 된다.
왜냐하면 우리가 믿는 하나님은 나를 모태에서 창조하신 창조주 하나님이시기 때문이다.
그런데 아담과 하와는 이제 그 창조주 하나님 앞에 서게 된 것이 아니라 자기 판단 앞에 서게 되었다. 시비를 가리는 마음 앞에 서게 된 것이다. 그래서 그들은 하나님 앞에 벗은 몸으로 서는 것이 두려웠다. 그래서 하나님의 음성이 들리자 숨은 것이다. 주여!

하나님이 보시기에 선과 악이 아니라 선악과를 먹음으로 말미암아 인간의 판단으로 옳고 그름을 따지게 되었다는 것이 하나님이 그들을 부를 때에 벌거벗은 것이 두려워서 숨은 것에서도 나타났지만 또한 그 다음에 아담이 한 말에서도 나타나고 있음을 볼 수 있다.
즉 그의 말에는 이전에 없던 시비를 가리는 마음이 역력히 보인다.

[창 3:12]

아담이 가로되 하나님이 주셔서 나와 함께 하게 하신 여자 그가 그 나무 실과를 내게 주므로 내가 먹었나이다

즉 아담은 하나님이 왜 아담에게 자신이 금한 그 선악과를 먹었냐고 다그치자 아담은 내가 먹으려고 한 것이 아니라 하나님이 나에게 주신 그 여자 하와가 나에게 주어서 먹었다는 것이다. 즉 자신보다 하와가 더 잘못했다는 것이다.

그러므로 그는 하와가 주는 것 먹었을 뿐이므로 자신의 잘못은 하와보다 덜하다는 말이다. 우리는 여기서 이전에는 아담에게 볼 수 없었던 시비를 가리는 마음이 선악과를 먹은 후에 단도직입적으로 나타나는 것을 알 수 있다.

그가 선악과를 먹기 전에는 하와에 대하여 이렇게 하나님께 고백했었다.

[창 2:23]

"아담이 가로되 이는 내 뼈 중의 뼈요 살 중의 살이라 이것을 남자에게서 취하였은즉 여자라 칭하리라 하니라"

그러나 만일 그에게 시비를 가리는 마음이 없었다면 그는 이렇게 말했을 것이다.

모든 것이 다 내 잘못이라고.......

하와를 내가 지키지 못한 까닭에 자기가 없을 때에 나보다 연약한 하와가 그만 뱀의 유혹에 넘어갔다고... 그래서 일이 그냥 이렇게 되어 버렸다고......

하와를 지키지 못한 자신이 더 잘못했다고 하였을 것이다.

왜냐하면 그가 죄를 짓기 전에 하와를 보고 '내 뼈 중의 뼈요 내 살 중의 살이라' 고백한 것을 보면 알 수 있다.

즉 선악과를 먹지 말라고 한 명령을 거역한 것은 죄 (원죄, Original Sin) 이나 이것을 먹음으로 말미암아 우리 인간에게는 선과 악을 가리는 소위 이 선과 악은 하나님의 입장에서 보는 선과 악이 아니라 오로지 각자의 판단에 옳고 그름을 따지는 즉 시비를 따지는 그러한 자들이 되었다는 것이다.

그들이 선악과를 먹기 전에는 벗었으나 부끄러워하지 아니하였으나

[창 2:25]
"아담과 그 아내 두 사람이 벌거벗었으나 부끄러워 아니하니라"

그러나 그들이 선악과를 먹은 후에는 그들이 벗고 있는 것이 부끄러워서 하나님이 부르실 때에 숨은 것이다.

그런데 예수님은 이 인간들의 옳고 그름으로 인한 모든 재앙을 주님이 오셔서 아름답게 회복하신다.

즉 우리가 예수님 안에 있으면 옳고 그름이 아니라 서로 용서하고 서로 사랑하게 되는 것이다.

즉 남이 벗었어도 용서하고 사랑하는, 다시 말해서 인간의 판단에 옳고 그름이 아니라 하나님이 우리에게 보여주신 그 사랑으로 남의 잘못을 덮어주고 넘어가게 되는 것이다.

그래서 성경은 이렇게 말한다.

'사랑은 허다한 죄를 덮느니라.'

즉 사랑은 시비를 가리지 않는다는 말이다.

그래서 우리 인간은 예수 안에서 다시 '벗었으나 부끄러워하지 아니하니라.' 하는 그 허물을 덮어주는 이전의 상태로 돌아갈 수 있는 것이다.

진짜 선과 악이란 하나님의 입장에서 보아야 한다.

하나님이 없는 모든 것이 악이다.

우리 인간은 무엇이 선인지 무엇이 악인지 잘 모른다.

다만 우리가 아는 것은 하나님을 떠난 것이 악이요 하나님 안에 있는 것이 선이요 그 안에서 하는 모든 것이 또 선인 것이다.

그러므로 이 진짜 선과 악은 우리가 하나님과의 관계를 회복한 후에 알 수 있는 문제다.

그러나 아담과 하와가 그 선악과를 먹은 후에는 그들이 하나님과의 관계가 단절되면서 진짜 선과 악을 알게 된 것이 아니라 오히려 그들은 인간적인 판단으로 하게 되는 시비를 가리게 된 것이다.

지금도 마찬가지이다. 우리는 하나님을 떠나는 순간 우리는 서로에게서 시비를 가리는 것을 본다.

옳고 그름 속에서는 우리는 결코 사람을 사랑할 수 없는 것이다.

우리는 우리의 판단으로 시비를 가림으로 말미암아 모든 사람들을 정죄하고 사랑할 줄 모르게 된 것이다.

그러나 우리가 예수 안에 들어오면 그 모든 시비가 그치고 오직 예수님이 우리를 사랑하신 그 사랑으로 사람을 사랑할 수 있게 되는 것이다. 시비를 넘어서서 말이다.

할렐루야!

그래서 주님은 말씀하신다.

남의 눈에 있는 티는 보고 네 눈에 있는 들보는 보지 못한다고......

예수 안에서는 남이 죄인이 아니라 내가 죄인인 것이다.

할렐루야!

그러나 시비를 가릴 때에는 완전 반대이다.

[마 7:3-7:5]

(3)어찌하여 형제의 눈 속에 있는 티는 보고 네 눈 속에 있는 들보는 깨닫지 못하느냐 (4)보라 네 눈 속에 들보가 있는데 어찌하여 형제에게 말하기를 나로 네 눈 속에 있는 티를 빼게 하라 하겠느냐 (5) 외식하는 자여 먼저 네 눈 속에서 들보를 빼어라 그 후에야 밝히 보고 형제의 눈 속에서 티를 빼리라.

그러므로 결국 이 선악을 알게 하는 나무는 우리 인간들에게 시비를 가리게 하는 나무였다는 것이다. 주여! 이것을 뱀이 속인 것이다.

하나님은 말씀하셨다.

'네가 이것을 먹는 날에는 정녕 죽으리라.'

그래서 하나님은 그들에게 먹지 말라 했다.

그 명령을 불순종한 대가에 대하여 우리에게는 영적인 죽음과 육적인 죽음이 찾아왔다. 이 죽음은 하나님께서 그들에게 먹지 말라고 한 것을 먹은 것에 대한 불복종의 죄에 대한 결과였다.

이때의 영적인 죽음은 모든 인간이 원죄를 가진 채 태어나게 되었고 하나님 앞에서 죽은 자가 되었다. 그 영이 하나님을 모르는 자가 되었다. 그러므로 이 원죄의 결과로 아담 이후에 태어나는 모든 인간은 하나님을 모르는 채 이 세상에 태어난다. 원죄를 갖고 태어나는 것이다. 그러나 그 영이 죽은 채로 태어난 인간이 그 후에 예수 그리스도를 자신의 구세주로 영접하고 거듭나게 되면 이 원죄가 없어지고 하나님과 그 교통이 회복되는 것이다.

그러므로 선악과를 먹음으로 영적인 죽음이 찾아오게 되었던 것이다. 또한 하나님께서 말씀하신대로 육적인 죽음도 찾아오게 되었다. 하나님은 아담에게 '너는 흙에서 왔으니 흙으로 돌아가라' 했다. 이것은 육적인 죽음을 의미하였다.

그러나 또 하나, 여기서 첨가하여야 할 것은 아담과 하와가 선악과를 먹은 후에는 우리 인간들이 시비를 가리게 되었는데 이것은 자신들의 생각에 옳고 그름이다. 이 옳고 그름을 따지는 것은 육신의 일로 이것도 사실은 죽게 된 것이다.

왜냐하면 롬 12장 13절에서는

'우리가 육신에게 져서 육신대로 살면 반드시 죽을 것이로되 영으로써 몸의 행실을 죽이면 살리니'라고 말하고 있기 때문이다.

즉 육신의 일을 하게 됨으로 말미암아 사망의 일을 하게 된 것이다.

이것도 하나님께서 하신 말씀 '너희가 먹는 날에는 정녕 죽으리라' 한 말씀에 맞는 말인 것이다. 사망의 일을 하게 된 것이다.

할렐루야.

즉 육신대로 살아서 늘 시비를 가리고 살면 그 삶은 사망의 삶이 되지만 영으로써, 하나님의 말씀으로서, 예수 그리스도로서 우리의 몸의 행실 즉 시비를 가리는 마음을 누르고 살면 오히려 용서하고 사랑하고 살면 너희는 생명의 삶을 살게 된다는 것이다. 할렐루야.

그런데 우리 인간은 선악과를 먹음으로 말미암아 늘 시비를 가림으로 말미암아 늘 육신의 일을 하게 되었다는 것이다.

주님은 말씀하신다.

'내가 오기까지 아무도 판단하지 말라'

왜냐하면 우리가 판단하는 것은 외모이고 육신이기 때문이라는 것이다. 할렐루야!

[고전 4:5]

그러므로 때가 이르기 전 곧 주께서 오시기까지 아무 것도 판단치 말라 그가 어두움에 감추인 것들을 드러내고 마음의 뜻을 나타내시리니 그 때에 각 사람에게 하나님께로부터 칭찬이 있으리라 우리 하나님은 외모를 보시는 분이 아니라 그 마음의 동기와 중심을 보시는 분이시라는 것이다.

[삼상 16:7]
여호와께서 사무엘에게 이르시되 그 용모와 신장을 보지 말라 내가 이미 그를 버렸노라 나의 보는 것은 사람과 같지 아니하니 사람은 외모를 보거니와 나 여호와는 중심을 보느니라

[고전 4:4]
내가 자책할 아무 것도 깨닫지 못하나 그러나 이를 인하여 의롭다 함을 얻지 못하노라 다만 나를 판단하실 이는 주시니라

그러므로 지금도 우리가 시비를 가리는 것은 이전에 우리의 조상 아담과 하와가 선악과를 먹었기 때문인 것이다. 주여!

02
휴거 때의 나팔은
하나님의 나팔인 것을
알게 하여 주시다.

2014. 7. 21

천국에 도착하여 내가 수레에서 내리자 주님은 그의 구멍이 뚫려 있는 손으로 나를 내리게 도와 주셨다. 그리고 주님의 주위에는 많은 흰 옷 입은 무리들이 나를 반겨 주었다.

주님은 나를 먼저 주님의 보좌 앞으로 데리고 가셨다.

그런데 거기에 흰 옷 입은 무리들이 천사들과 섞여 있으면서 나를 맞이하여 주었다.

그러고 나서 주님은 나를 또 컨벤션 센터 같은 넓은 곳으로 데리고 가셨는데 그곳에는 흰 옷 입은 무리들이 가득 채워져 있었다. 나를 무대 위에 세우시고 주님이 이렇게 말씀하신다.

'오늘 내 딸이 마지막 시대에 대하여 또한 휴거에 대하여 질문을 가지고 기도하였고 또 많은 영혼들을 위하여 기도하였다'고 선포하셨다. 그 소리를 듣고 그곳에 있는 수많은 흰 옷 입은 무리가 기뻐하여 주었다.

그러고 나서 주님은 나를 다시 청록색과 붉은색 보석이 섞여서 그것들이 녹아서 벽을 타고 내려온 것같이 보이는 보석으로 된 영롱한 방으로 나를 인도하셨다.

그 방은 그 안이 천정과 벽이 어우러져 모양이 동그란 방이었다.

먼저 벤치가 거기에 하나 놓여 있는 것이 보였고 거기에 다윗이 혼자 앉아 있었다.

그리고 이어서 이러한 벤치가 방을 빙 둘러서 여러 개가 놓여 있는 것이 보였는데 그 다음 벤치에는 바울과 에스더 그리고 그 다음에는 토마스 주남과 메리 벡스터('지옥은 확실히 있다'를 쓴 저자로 주님은 가끔 현재 살아있는 사람들도 본인이 모르게 이렇게 끌어 올리신다. 이분은 지금 미국에서 목회하시는 목사님이시다.)가 앉아 있었고 그리고 그 다음 베드로와 마리아도 나타났다. 그 다음에는 세례요한과 사도 요한 그리고 모세가 나타났다.

그리고 중앙에 조그만 분수대가 있어서 생명수를 퍼 올리고 있었고 거기서 떨어지는 생명수를 컵으로 받아서 마실 수 있게 되어 있었다. 이것은 이 사람들이 어디를 가나 그들의 모임이 행해지는 장소에는 가는 곳마다 생명수 물이 늘 마실 수 있게 준비되어 있는 것 같았다. 여기서 우리가 가는 곳마다 물과 커피가 마련되어 있는 것처럼 말이다. 천국에서는 모임이 있는 장소마다 이렇게 생명수가 준비되어 있는 것이다. 할렐루야. 그런데 이 생명수는 늘 방 한가운데 분수대에서 올라오고 있었다.

주님과 나는 그 분수대 바로 옆에 있는 자리에 앉았고 다른 사람들은 다 우리를 보고 앉았다. 나는 컵으로 생명수를 받아 마셨다.

즉 천국에서는 늘 이렇다. 지상의 누가 올라오면 이렇게 특별대우를 해준다.

주님이 그들에게 말씀하신다.

내 딸이 오늘 마지막시대에 대하여 기도하고 휴거에 대하여도 기도하였다고 그들에게 말했다. 그들은 주님이 하시는 말씀을 듣고 있었다. 그리고 나에게는 마지막 나팔에 홀연히 우리가 변화하여 올라가 주를 맞이할 것이라는 것에 대하여 다음과 같이 알려지는 것이었다.

[고전 15:51-52]

(51)보라 내가 너희에게 비밀을 말하노니 우리가 다 잠잘 것이 아니요 마지막 나팔에 순식간에 홀연히 다 변화하리니 (52)나팔 소리가 나매 죽은 자들이 썩지 아니할 것으로 다시 살고 우리도 변화하리라

이 마지막 나팔이 계시록에 나오는 일곱 번째 불리는 나팔이 아니라는 것이다.

[살전 4:16-17]

(16)주께서 호령과 천사장의 소리와 하나님의 나팔로 친히 하늘로 좇아 강림하시리니 그리스도 안에서 죽은 자들이 먼저 일어나고 (17)그 후에 우리 살아 남은 자도 저희와 함께 구름 속으로 끌어 올려 공중에서 주를 영접하게 하시리니 그리하여 우리가 항상 주와 함께 있으리라

즉 이 나팔은 계시록에서 나오는 일곱 번째 나팔이 아니고 하나님의 나팔로서 주님이 임하실 때에 하늘로 좇아 강림하실 때에 불리고 또한 그 때에 마지막으로 이 나팔이 울리게 될 때에 죽은 자가 먼저 일어나고 살은 자도 홀연히 변하여 공중에서 주를 뵙게 된다는 것이다.

그러므로 이 나팔은 계시록에서 나오는 일곱인 후에 나오는 일곱째 나팔이 아니라는 것이다.

왜 이것이 중요하냐 하면 사람들은 이 마지막 나팔을 계시록에 나오는 일곱 번째 나팔이라 하여 주님의 공중 재림이 일곱째 나팔이 불릴 때에 오신다고 말하는 사람들이 있기 때문이다.

그런데 그것이 아니라는 것이다.

오늘 주님이 내게 알게 하신다. 할렐루야.

그리고 주님은 우리나라에 먼저 전쟁이 있은 후에 휴거가 있게 될 것을 말씀하신다.

우리나라 전쟁이 반드시 일어나야 하는 것은 성경에 기록된 말씀에 의하여 그렇다는 것을 이미 이전에 주님이 내게 알게 하신바 있다.

[마 24:7-8]
(7)민족이 민족을, 나라가 나라를 대적하여 일어나겠고 처처에 기근과 지진이 있으리니 (8)이 모든 것이 재난의 시작이니라

주여! 우리가 이 모든 재난에 또한 그 후의 휴거에 또한 그 후의 환란에 준비되게 하소서.........

03

창세기 3장 15절의 말씀이 이루어짐을 말씀하시다.

2014. 7. 21

두 번째 천국에 올라갔다.

주님과 모세가 나와 함께 앉아서 성경의 창세기 부위 즉 뱀이 하와를 유혹하는 부위로 가자고 하신다.

주님은 이 뱀에게 천하를 꾀는 자 루시퍼가 들어갔음을 알게 하여 주신다. 즉 악한 영이 동물에게도 들어갈 수 있다는 것이다.

왜냐하면 성경에도 군대귀신 지핀 자에게서 그 군대 귀신들이 나와서 주님의 명령 하에 돼지 떼에 들어간 이야기가 나온다.

그리고 이렇게 사용된 뱀은 하나님의 저주를 받아서 배로 기어 다니게 되었다. 그리고 종신토록 흙을 먹고 살게 되었다.

[창 3:14]

여호와 하나님이 뱀에게 이르시되 네가 이렇게 하였으니 네가 모든 육축과 들의 모든 짐승보다 더욱 저주를 받아 배로 다니고 종신토록 흙

을 먹을지니라

루시퍼가 들어간 뱀은 루시퍼가 시키는 대로 하와를 유혹했다.

그리고 하와는 자신이 선악과를 먹은 후에 자기의 남편 아담에게
도 주어 먹게 하였다.

여기서 주님이 내게 알게 하여 주시는 것은 하와는 그 선악과를 먹
은 즉시 자신에게 일어나는 변화 즉 죄성이 없다가 갑자기 생겨난 죄
성을 스스로 감지할 수 있었다.

그럼에도 불구하고 (하와는 선악과를 먹는 즉시 죄를 지은 인간이
되었고 또한 물에 풍덩 빠져서 온몸이 물에 젖듯이 그 이전에는 자신
에게 없던 죄성을 입게 되었다. 죄성: 죄를 짓고자 하는 마음) 이 세
상에서 자신 외에 단 한사람밖에 없는 남편을 선악과를 먹도록 충동
하였던 것이다. 왜냐하면 하와는 혼자 죽는 것이 두려웠던 것이다. 하
나님이 그것을 먹으면 정녕 죽으리라 하였는데 자신은 혼자 그렇게
죽을 수 없다고 생각하고 아담에게 감언이설로 유혹하였던 것이다.

하와는 아담에게 이렇게 말했다고 한다.

'자 봐, 하나님이 이 선악과를 먹으면 정녕 죽으리라 하였는데 나
는 안 죽었어. 저 뱀의 말이 맞아 먹어도 안 죽어. 자기도 먹어봐.' 하
고 주었다. '먹으면 눈이 밝아져서 하나님과 같이 선악을 알게 돼' 하
고 유혹하였던 것이다.

그래서 아담도 아내 하와가 권유하는 선악과를 그만 먹고 말았다.

그러나 실제로 그들에게는 하나님이 말씀하신대로 영적인 죽음과 육적인 죽음이 찾아오게 되었다.

그러자 하나님은 자신이 창조한 인간들이 사단에게 넘어가 먹지 말라고 했던 선악과를 먹은 사실을 알고 죄를 지은 인간에 대한 구원의 계획을 즉시 세우셨다.

[창 3:15]
내가 너로 여자와 원수가 되게 하고 너의 후손도 여자의 후손과 원수가 되게 하리니 여자의 후손은 네 머리를 상하게 할 것이요 너는 그의 발꿈치를 상하게 할 것이니라 하시고

여자의 후손이란 남자 없이 태어나는 자를 말한다.
구약을 보면 가계를 말할 때에 남자의 이름들만 나열한 것을 볼 수 있다.

하나님은 아브라함에게 이렇게 말했다.
네 씨가 대적의 문을 얻으리라.
네 씨로 인하여 천하 만민이 복을 받으리라
할렐루야.

[창 22:17-18]
(17)내가 네게 큰 복을 주고 네 씨로 크게 성하여 하늘의 별과 같고 바닷가의 모래와 같게 하리니 네 씨가 그 대적의 문을 얻으리라

(18)또 네 씨로 말미암아 천하 만민이 복을 얻으리니 이는 네가 나의 말을 준행하였음이니라 하셨다 하니라

이 여자의 후손이 바로 아브라함에게 말한 그 씨이고
또 그 씨가 바로 이사야 7:4와 이사야 9:6 에 나오는 아들 임마누엘이라 불리는 예수 그리스도 아기인 것이다.

[사 7:14]
그러므로 주께서 친히 징조로 너희에게 주실 것이라 보라 처녀가 잉태하여 아들을 낳을 것이요 그 이름을 임마누엘이라 하리라

[사 9:6]
이는 한 아기가 우리에게 났고 한 아들을 우리에게 주신 바 되었는데 그 어깨에는 정사를 메었고 그 이름은 기묘자라, 모사라, 전능하신 하나님이라, 영존하시는 아버지라, 평강의 왕이라 할 것임이라

우리가 이렇게 앉아서 성경의 여기까지 즉 메시아 오심까지 연결되고 있을 때에 이사야가 우리가 있는 이곳에 나타났다. 그는 아래위로 하늘색 옷을 입고 있었다.

나는 물었다.
이사야 선생님, 이사야 선생님은 하나님으로부터 이사야 7:14 절과 이사야 9:6절을 받기 전에 이 창세기 3:15에서 나오는 그 메시야

가 여자의 후손으로 오실 것을 알고 있었느냐고 물었다. 그리하였더니 이사야는 그 대답을 마음으로 알게 하였는데 알고 있었다는 것이다. 할렐루야.

그리고 그것이 처녀가 잉태하는 것과 연결된다고 말했다.

할렐루야.

이것은 자기가 연결한 것이 아니라 하나님께서 자신에게 그 말씀을 예언으로 주셨는데 그 주신 말씀이 그 여자의 후손과 연결되더라는 것이다. 할렐루야.

[사 7:14]
그러므로 주께서 친히 징조로 너희에게 주실 것이라 보라 처녀가 잉태하여 아들을 낳을 것이요 그 이름을 임마누엘이라 하리라

그리고 이사야는 이 아기는 모든 인류의 구세주로서 모든 인류의 메시야로서 우리를 위하여 죽을 것을 예수님이 오시기 약 700년 전에 하나님으로부터 받아서 이렇게 예언하였다.

[사 53:1-6]
(1)우리의 전한 것을 누가 믿었느뇨 여호와의 팔이 뉘게 나타났느뇨 (2)그는 주 앞에서 자라나기를 연한 순 같고 마른 땅에서 나온 줄기 같아서 고운 모양도 없고 풍채도 없은즉 우리의 보기에 흠모할 만한 아름다운 것이 없도다 (3)그는 멸시를 받아서 사람에게 싫어 버린바 되었으며 간고를 많이 겪었으며 질고를 아는 자라 마치 사람들에게 얼굴을 가

리우고 보지 않음을 받는 자 같아서 멸시를 당하였고 우리도 그를 귀히 여기지 아니하였도다 (4)그는 실로 우리의 질고를 지고 우리의 슬픔을 당하였거늘 우리는 생각하기를 그는 징벌을 받아서 하나님에게 맞으며 고난을 당한다 하였노라 (5)그가 찔림은 우리의 허물을 인함이요 그가 상함은 우리의 죄악을 인함이라 그가 징계를 받음으로 우리가 평화를 누리고 그가 채찍에 맞음으로 우리가 나음을 입었도다 (6)우리는 다 양 같아서 그릇 행하여 각기 제 길로 갔거늘 여호와께서는 우리 무리의 죄악을 그에게 담당시키셨도다

그리고 그 구세주 메시야가 이사야가 예언한지 약 700년 이후에 이 땅위에 오신 것이다. 그 때에 가브리엘 천사가 마리아에게 나타났다.

[눅 1:26-33]
(26)여섯째 달에 천사 가브리엘이 하나님의 보내심을 받들어 갈릴리 나사렛이란 동네에 가서 (27)다윗의 자손 요셉이라 하는 사람과 정혼한 처녀에게 이르니 그 처녀의 이름은 마리아라 (28)그에게 들어가 가로되 은혜를 받은 자여 평안할지어다 주께서 너와 함께 하시도다 하니 (29)처녀가 그 말을 듣고 놀라 이런 인사가 어찌함인고 생각하매 (30)천사가 일러 가로되 마리아여 무서워 말라 네가 하나님께 은혜를 얻었느니라 (31)보라 네가 수태하여 아들을 낳으리니 그 이름을 예수라 하라 (32)저가 큰 자가 되고 지극히 높으신 이의 아들이라 일컬을 것이요 주 하나님께서 그 조상 다윗의 위를 저에게 주시리니 (33)영원히 야곱의 집에 왕노릇 하실 것이며 그 나라가 무궁하리라

그리고 예수님이 성경의 예언대로 예루살렘에서 태어나셔서 말
구유에 누이셨고 주님은 목수의 아들로 성장하여 그의 나이 33세 때
하나님이 성경에서 예언하신대로(창 3:15절) 그 뜻을 십자가상에서
이루신 것이다.

[요 19:30]
예수께서 신 포도주를 받으신 후 가라사대 다 이루었다 하시고 머리
를 숙이시고 영혼이 돌아가시니라

[창 3:15]
내가 너로 여자와 원수가 되게 하고 너의 후손도 여자의 후손과 원수
가 되게 하리니 여자의 후손은 네 머리를 상하게 할 것이요 너는 그의
발꿈치를 상하게 할 것이니라 하시고

원래 사단의 계획은 아담과 하와를 유혹하여 그 후손 모두 즉 모든
인류를 원죄로 뒤집어 씌워서 지옥으로 데리고 가려 하였다. 그러나
예수님이 십자가에서 우리를 위하여 죽으심으로 말미암아 그 사단
의 모든 계획은 물거품으로 돌아간 것이다.
　그래서 이 십자가 사건이 바로 '여자의 후손은 네 머리를 상하게
할 것이라'는 말씀을 이루게 한 것이다. 할렐루야!

그리고 사단은 예수 그리스도 하나님의 아들 독생자 예수를 십자
가에 못 박아 죽이려 하였으나 이 사건은 오히려 자신의 모든 계획이

수포로 돌아가는 즉 그의 머리를 상하게 하는 사건이 되어 버렸고 십자가에 죽어주신 이 예수를 믿는 모든 자는 지옥으로 가는 것이 아니라 천국으로 가게 되어 버린 것이다.

그리고 이 일을 이루신 주님은 오히려 삼일 만에 다시 살아나셔서 자신의 의로움을 증명하셨던 것이다. 왜냐하면 그는 아예 무죄하신 분이라 사망이 그를 가두어 둘 수가 없었기 때문이다.

할렐루야!

04
담대하라
내가 세상을 이기었노라.

2014.7.21

천국에 올라갔다.

주님이 나를 유리바다 앞에 있는 벤치로 인도하신다.

거기에 앉았다.

주님이 말씀하신다.

'담대하라 내가 세상을 이기었노라' 라고 말씀하신다.

내 속에 약간의 주저함이 있는 것을 아셨다.

책을 내는데 있어서 어떤 것은 반대가 심할 것을 생각하여 인간의 생각으로 뺄까 하고 있었는데 주님이 그것에 대하여 말씀하시는 것이었다. 할렐루야.

05

아담과 하와는
지금 어디에 있는 것인가?
궁금증이 생기다.

2014.7.22

천국에 올라갔다.

모세를 만나는 궁으로 갔다. 그리고 주님은 주님이 앉는 자리에 나는 내가 앉는 자리에 모세는 모세가 앉는 자리에 앉았다.

모세는 자꾸 어제부터 성경의 어디를 보기를 원했냐면 아담이 죄를 지은 후에 하나님으로부터 벌을 받아 땀을 흘려야 먹고 사는 즉 아담의 죄로 인하여 땅이 저주받은 그 부위를 자꾸만 생각나게 하면서 거기를 보기를 원했다.

그래서 오늘은 그 부위로 갔다.

[창 3:17-19]

(17)아담에게 이르시되 네가 네 아내의 말을 듣고 내가 너더러 먹지 말라 한 나무 실과를 먹었은즉 땅은 너로 인하여 저주를 받고 너는 종신토록 수고하여야 그 소산을 먹으리라 (18)땅이 네게 가시덤불과 엉겅퀴

를 낼 것이라 너의 먹을 것은 밭의 채소인즉 (19)네가 얼굴에 땀이 흘러
야 식물을 먹고 필경은 흙으로 돌아 가리니 그 속에서 네가 취함을 입었
음이라 너는 흙이니 흙으로 돌아갈 것이니라 하시니라

주님이 말씀하시기를 그의 나라와 그의 의를 먼저 구하면 그 모든
것을 더하시리라 했는데 즉 아담은 하나님의 말씀을 더 우위에 두어
야했는데 아담은 그러지 못했다. 오히려 하나님의 말씀을 거역하여
하와의 말을 듣고 선악과를 먹고 말았다.
이것은 또 신약의 이 말씀과 연결됨을 알게 하여주시는 것이었다.

[히 6:7-8]
(7)땅이 그 위에 자주 내리는 비를 흡수하여 밭 가는 자들의 쓰기에
합당한 채소를 내면 하나님께 복을 받고 (8)만일 가시와 엉겅퀴를 내면
버림을 당하고 저주함에 가까와 그 마지막은 불사름이 되리라

내가 이 말씀이 서로 연결됨을 주님이 나에게 알게 하는 순간에 나
는 아담과 하와가 혹 어디에 있는지 몹시 궁금하여졌다.
왜냐하면 히 6:8절 말씀 때문이다.
"만일 가시와 엉겅퀴를 내면 버림을 당하고 저주함에 가까와 그 마
지막은 불사름이 되리라."
즉 이 순간에 그 땅은 아담과 하와로 번역이 되었고 그리고 비는
하나님의 말씀으로 번역이 되어졌고 그래서 그들이 하나님의 말씀
을 받아서 순종하여 합당한 채소를 낸 것이 아니라 가시와 엉겅퀴를

낸 것이 느껴지고 또한 그렇게 되면 그들이 버림을 당하고 저주함에 가까워 그 마지막은 불사름이 되리라 한 말이 내게 확 와 닿았기 때문에 혹 그들이 지옥가지 아니하였나 하는 생각이 급작스럽게 나를 당황하게 만들었기 때문이다.

그래서 나는 주님께 "주님, 아담과 하와를 보여주세요." 라고 말했다. 나는 설마 하면서 주님께 대들듯이 단호히 확인하듯이 말했다. 설마 주님이 그 일로 그들을 지옥 보내신 것은 아니지요 하면서 주님을 내가 꼭 책망(?) 하듯이 아니 따지듯이 말한 것이다.

내가 생각해도 나의 태도가 좀 당돌했다.

그랬더니 모세가 주님께 말한다.

나를 스톱시키고 '주님 사라가 지금 억지를 부리고 있어요.'

주님은 아무 말이 없으셨다. 아마도 지금 나에게 밝히실 때가 아닌 것 같다.

그리고서는 나는 내려왔다.

06

아담과 하와의 이야기는
우리의 이야기이다.

2014. 7. 22

천국에 올라갔는데 주님께서 친히 나를 수레에서 맞아 내려 주신다. 나는 자주색 가운을 입고 있었고 주님은 나를 정원에 있는 벤치로 인도하셨다. 주님은 나에게 내 아이를 안게 하여 주신다.

내 아이인데 그 아이가 얼마나 예쁜지.... 아이가 나를 보고 환하게 웃는다. 그러고 있는데 주님이 말씀하신다.

"내가 이 꽃밭 정원을 너에게 주노라."

할렐루야! 할렐루야! 그런데 이 정원은 주님과 내가 이전에 걸어서 가보았지만 이 꽃밭은 유리바다 앞의 벤치로 연결되고 있었다.

즉 이 말은 이 꽃밭이 넓게 유리 바다 앞에 있다는 것이다.

아 너무 좋고 황홀하다. 이 넓고 아름다운 꽃밭을 주님이 내게 주신다니 말이다. 이 꽃밭 정원은 엄청 넓다. 소위 조그만 꽃밭이 아닌 것이다. 그런데 주님이 이것을 나에게 주신다고 하신다.

그러자 나에게는 이러한 생각이 들어왔다. 이 꽃밭에 어린 아이들이 놀 놀이터가 필요하다고 생각하고 있는데 주님이 알게 하시기를 저번에 주님께서 나에게 큰 스테인레스 원통처럼 생긴 건물을 보여주신 것이 생각나는 것이었다. 그리고 그 안에는 아이들이 놀 수 있는 놀이터, 그리고 체육관이 마련되어 있었다. 즉 그 건물이 바로 이 넓은 정원 어딘가에 있음이 알아지는 것이었다.

할렐루야. 주님은 모든 것을 다 아시고 미리 마련하여 주심이 알아졌다.

좋으신 주님..... 모든 것을 알고 계신 하나님, 그분의 배려는 끝이 없이 느껴진다.

나는 이 꽃밭이 얼마나 큰지 아직 가늠이 안 된다.

주님은 마음으로 말씀하신다.

'딸아 이것은 큰 것이 아니란다. 이 천국은 얼마나 넓은 곳인지 아느냐?'고 말씀하시는 것이었다.

그리고서는 곧 보모가 와서 아이를 데려갔다.

그리고 바로 그 다음 주님과 내가 있는 벤치에 이사야가 하늘색 옷을 입고 나타났다. 나는 이사야를 보고 이사야 선생님, 이사야 선생님은 어찌하여 그렇게 사 7:14와 사 9:6을 그렇게 예언을 받아 말할 수 있었어요? 라고 부러워하면서 물었다.

그랬더니 이사야는 이렇게 말한다.

그것은 주님이 내게 '내가 누구를 나를 위하여 보낼꼬?' 하였을 때에 자신이 '주님 내가 여기 있사오니 나를 보내소서.' 하였더니

주님이 그렇게 자신을 사용하셨다는 것이다.

아멘! 아멘! 할렐루야!

[사 6:1-8]

(1)웃시야 왕의 죽던 해에 내가 본즉 주께서 높이 들린 보좌에 앉으셨는데 그 옷자락은 성전에 가득하였고 (2)스랍들은 모셔 섰는데 각기 여섯 날개가 있어 그 둘로는 그 얼굴을 가리었고 그 둘로는 그 발을 가리었고 그 둘로는 날며 (3)서로 창화하여 가로되 거룩하다 거룩하다 거룩하다 만군의 여호와여 그 영광이 온 땅에 충만하도다 (4)이 같이 창화하는 자의 소리로 인하여 문지방의 터가 요동하며 집에 연기가 충만한지라 (5)그 때에 내가 말하되 화로다 나여 망하게 되었도다 나는 입술이 부정한 사람이요 입술이 부정한 백성 중에 거하면서 만군의 여호와이신 왕을 뵈었음이로다 (6)때에 그 스랍의 하나가 화저로 단에서 취한바 핀 숯을 손에 가지고 내게로 날아와서 (7)그것을 내 입에 대며 가로되 보라 이것이 네 입에 닿았으니 네 악이 제하여졌고 네 죄가 사하여졌느니라 하더라 (8)내가 또 주의 목소리를 들은즉 이르시되 내가 누구를 보내며 누가 우리를 위하여 갈꼬 그 때에 내가 가로되 내가 여기 있나이다 나를 보내소서

내가 이사야에게 더 말했다.

이사야 선생님, 좀 더 사람들에게 알리고 싶은 내용이 있으면 알려

주세요. 하였더니 이사야가 말한다.

'좀 전에 우리가 같이 창세기를 보지 않았냐'고 묻는다. 그래서 내가 '그랬다'라고 했더니 바로 '아담과 하와 이야기가 우리의 이야기입니다' 라고 말한다.

즉 아담과 하와의 이야기가 바로 우리의 이야기라는 것을 사람들에게 알려 달라는 말이다. 할렐루야. 맞다.

즉 우리는 늘 사단과 하나님의 말씀사이에서 우리가 어느 것을 선택하여 따르느냐에 따라서 그 운명이 달라진다는 것이다. 할렐루야. 아멘.

그들은 에덴의 한가운데 생명나무와 선악과 나무의 과일 중에서 생명나무의 과일을 택하여 먹을 수 있었는데 그만 사단이 제안한 선악과의 과일을 따 먹고 말았다.

우리는 여기서 그들이 생명나무의 과일을 따 먹기 전에 선악과의 과일을 따 먹게 한 것을 유의하여 보아야 한다는 것이다.

내가 이사야에게 물었다.

'만일 그들이 생명나무를 먼저 따 먹었으면 어떻게 되었을까요?'

이사야는 말하기를 그들이 영생하였을 것이라는 것이다.

즉 하나님이 그들을 비록 흙에서 만드셨지만 그들이 그 생명나무의 과일을 따먹는 순간에 하나님이 그들의 몸을 영원히 썩지 아니하는 영생하는 몸으로 바꾸셨을 것이라는 것이다.

[창 3:22-24]

(22)여호와 하나님이 가라사대 보라 이 사람이 선악을 아는 일에 우리 중 하나 같이 되었으니 그가 그 손을 들어 생명나무 실과도 따먹고 영생할까 하노라 하시고 (23)여호와 하나님이 에덴동산에서 그 사람을 내어 보내어 그의 근본된 토지를 갈게 하시니라

(24)이같이 하나님이 그 사람을 쫓아 내시고 에덴동산 동편에 그룹들과 두루 도는 화염검을 두어 생명나무의 길을 지키게 하시니라

＊ 부연설명 : 여기서 선악이란 물론 아담과 하와에게 생긴 시비를 가리는 마음을 말한다. 그들이 선악과를 먹기 전에는 그들이 옳고 그름을 몰랐다. 어찌하였든 그들에게 이제는 시비를 가리는 마음이 생긴 것을 말씀하고 있다.

이것은 마치 우리가 예수를 믿으면 마지막 날에 우리가 부활된 몸으로 변하는 것과 같은 것이다. 즉 그들이 선악과를 먹기 전에 생명나무 과일을 먼저 먹었더라면 영원히 썩지 아니하는 몸으로 변하는 것과 같은 것임을 알게 하여 주신다.

그리고 또한 맞다. 그들이 죄가 있는 몸으로 영생하게 되면 안 되니까 하나님이 그들로 하여금 죄 있는 상태에서 먹지 못하게 한 것이다. 그래서 하나님은 생명나무에 화염검을 두어 그들을 가까이 오지 못하게 하였던 것이다.

그 다음 나는 이러한 의문을 가졌다. 나는 이사야에게 이렇게 물었다. 그러면 이 동산에 있는 생명나무가 바로 예수 그리스도이시고 그 선악과는 세상을 의미하는 것이냐?' 했더니 '그렇다'고 했다.

즉 이들이 하나님의 말씀, 예수 그리스도이신 즉 생명나무인 과일을 먹었으면 영생하였을 터인데 그들은 그만 사단의 말을 듣고 선악과를 따 먹고 말았던 것이다.

하나님의 말씀보다 세상을 더 사랑하여 그것을 택하여 멸망의 길로 갔다는 것이다.

할렐루야.

우리도 마찬가지이다. 생명나무인 예수님을 먹으면 영생하는데 즉 하나님의 말씀을 먹으면 영생하는데 세상을 택하면 사망의 길로 가게 된다.

[요 6:32-35]

(32)예수께서 이르시되 내가 진실로 진실로 너희에게 이르노니 하늘에서 내린 떡은 모세가 준 것이 아니라 오직 내 아버지가 하늘에서 내린 참 떡을 너희에게 주시나니 (33)하나님의 떡은 하늘에서 내려 세상에게 생명을 주는 것이니라 (34)저희가 가로되 주여 이 떡을 항상 우리에게 주소서 (35)예수께서 가라사대 내가 곧 생명의 떡이니 내게 오는 자는 결코 주리지 아니할 터이요 나를 믿는 자는 영원히 목마르지 아니하리라

[요 6:48-51]

(48)내가 곧 생명의 떡이로라 (49)너희 조상들은 광야에서 만나를 먹었어도 죽었거니와 (50)이는 하늘로서 내려오는 떡이니 사람으로 하여금 먹고 죽지 아니하게 하는 것이니라 (51)나는 하늘로서 내려온 산 떡이니 사람이 이 떡을 먹으면 영생하리라 나의 줄 떡은 곧 세상의 생명을 위한 내 살이로라 하시니라

[요 11:25-26]

(25)예수께서 가라사대 나는 부활이요 생명이니 나를 믿는 자는 죽어도 살겠고 (26)무릇 살아서 나를 믿는 자는 영원히 죽지 아니하리니 이것을 네가 믿느냐

또 예수님은 말씀하신다.

[요 14:6]

예수께서 가라사대 내가 곧 길이요 진리요 생명이니 나로 말미암지 않고는 아버지께로 올 자가 없느니라

나는 여기서 질문이 생겼다.
'왜 하나님은 인간을 하나님처럼 완벽하게 짓지 않고 죄를 지을 수 있는 불완전한 존재로 지었냐?'고 물었다.
그리하였더니 이사야는 말한다.
'오직 완전한 존재는 하나님 한 분밖에 없다'고 말하여 주었다.

그러면 나는 다시 여기서 '그러면 아담과 하와가 죄를 짓는 것이 더 좋았냐'고 물었다. 왜냐하면 메시아이신 예수님이 오셔서 우리를 구원하여서 그분과 함께 영원히 살게 할 목적이라면 말이다.

즉 그들이 죄를 짓는 것이 하나님의 계획안에 있었느냐는 질문을 가진 것이다.

그리하였더니 이사야는 말로 그렇다는 것이 아니라 생각으로 나에게 그렇다고 했다.

즉 하나님은 그들이 죄를 지을 것을 이미 알고 계셨다는 것이다.

왜냐하면 그들이 죄를 지을 수 있는 불완전한 존재로 지어졌기 때문이다.

그러면 나는 또 여기서 하나의 질문이 더 생겼다.

즉 사단이 하나님의 허락을 받고 아담과 하와를 유혹했냐는 것이다. 주여!

왜냐하면 욥기에 보면 사단을 하나님이 이용한 것이 나온다.

[욥 1:6-12]

(6)하루는 하나님의 아들들이 와서 여호와 앞에 섰고 사단도 그들 가운데 왔는지라 (7)여호와께서 사단에게 이르시되 네가 어디서 왔느냐 사단이 여호와께 대답하여 가로되 땅에 두루 돌아 여기 저기 다녀 왔나이다 (8)여호와께서 사단에게 이르시되 네가 내 종 욥을 유의하여 보았느냐 그와 같이 순전하고 정직하여 하나님을 경외하며 악에서 떠난 자가 세상에 없느니라 (9)사단이 여호와께 대답하여 가로되 욥이 어찌 까

닭 없이 하나님을 경외하리이까 (10)주께서 그와 그 집과 그 모든 소유물을 산울로 두르심이 아니니이까 주께서 그 손으로 하는 바를 복되게 하사 그 소유물로 땅에 널리게 하셨음이니이다 (11)이제 주의 손을 펴서 그의 모든 소유물을 치소서 그리하시면 정녕 대면하여 주를 욕하리이다 (12)여호와께서 사단에게 이르시되 내가 그의 소유물을 다 네 손에 붙이노라 오직 그의 몸에는 네 손을 대지 말지니라 사단이 곧 여호와 앞에서 물러가니라

여기서 하나님은 욥에게 고난을 허락하기 위하여서는 사단을 이용하였다. 그러므로 아담과 하와 때에도 사단이 하나님께 허락을 받았을 가능성이 있기 때문이다.

성경을 보면 하나님께서 하나님의 형상대로 모양대로 지었다라고 기록하고 있다.

그러므로 사단이 하나님 앞에 서서 제가 아담과 하와가 얼마나 잘 지어졌는가를 제가 시험하여 보겠습니다 하고 허락을 맡았을 가능성이 크다.

그리고 만일 이렇다면 하나님은 아담과 하와가 사단의 유혹을 받아서 선악과를 먹게 될 것이라는 것을 이미 알고 계셨다는 이야기이다.

이 이야기는 주님을 사단이 시험한 이야기와도 일치한다.

즉 주님도 하나님께서 얼마나 잘 만들어졌는지를 사단을 통하여 점검받았을 가능성이 큰 것이다. 즉 사단은 하나님께 허락을 맡고 예수를 시험하였다는 것이다.

그래서 성경을 보면 예수께서 40일 금식 후에 성령에 이끌리어 마귀에게 시험을 받으러 광야로 가사 이렇게 말하고 있는 것이다.

즉 성령께서 마귀에게 시험하는 것을 허락한 것이다.

할렐루야.

그런데 마귀가 주님을 육신의 정욕, 안목의 정욕, 이생의 자랑에 대하여 시험하였으나 이기지 못하고 떠나가 버렸다. 그리하니 그를 천사가 와서 수종하였다고 기록한다.

너무나 맞는 이야기이다.

[마 4:1-11]

(1)그 때에 예수께서 성령에게 이끌리어 마귀에게 시험을 받으러 광야로 가사 (2)사십 일을 밤낮으로 금식하신 후에 주리신지라 (3)시험하는 자가 예수께 나아와서 가로되 네가 만일 하나님의 아들이어든 명하여 이 돌들이 떡덩이가 되게 하라 (4)예수께서 대답하여 가라사대 기록되었으되 사람이 떡으로만 살 것이 아니요 하나님의 입으로 나오는 모든 말씀으로 살 것이라 하였느니라 하시니 (5)이에 마귀가 예수를 거룩한 성으로 데려다가 성전 꼭대기에 세우고 (6)가로되 네가 만일 하나님의 아들이어든 뛰어내리라 기록하였으되 저가 너를 위하여 그 사자들을 명하시리니 저희가 손으로 너를 받들어 발이 돌에 부딪히지 않게 하리로다 하였느니라 (7)예수께서 이르시되 또 기록되었으되 주 너의 하나님을 시험치 말라 하였느니라 하신대 (8)마귀가 또 그를 데리고 지극히 높은 산으로 가서 천하 만국과 그 영광을 보여 (9)가로되 만일 내게 엎드려 경배하면 이 모든 것을 네게 주리라 (10)이에 예수께서 말씀하시

되 사단아 물러가라 기록되었으되 주 너의 하나님께 경배하고 다만 그를 섬기라 하였느니라 (11)이에 마귀는 예수를 떠나고 천사들이 나아와서 수종드니라

그러므로 창세기에서 아담과 하와를 사단이 유혹한 것은 먼저 사단이 하나님의 허락을 받고 유혹하였다는 것은 맞는 것이다.

하나님의 형상과 모양대로 지음을 받은 인간 아담과 하와를 시험하였던 것이다. 그런데 그들은 사단에게 넘어가 죄를 짓고 말았다.

이 시험을 사단은 지금 모든 인류에게 하고 있는 것이다.

많은 사람이 여기에 속고 넘어가고 있는 것이다.

그렇다. 그러므로 창세기의 이야기는 이사야의 말대로 곧 우리의 이야기인 것이다. 하나님의 말씀과 사단의 유혹이 우리 앞에 늘 있는데 우리는 늘 생명나무인 하나님의 말씀 예수님을 택하여 살면 생명의 삶을 살게 되지만 사단의 말을 듣고 살면 사망의 삶을 살게 되는 것이다. 아멘.

아담과 하와 앞에 생명나무와 선악과를 두신 하나님은 오늘 우리 앞에도 늘 생명나무 (생명의 길, 좁은 길, 성령을 좇아 행하는 것)와 선악과 (사망의 길, 세상의 길, 사단의 유혹, 육신의 생각을 좇아 사는 것) 을 두신 것이다.

그러므로 에덴동산 중앙에 아담과 하와에게 주어져 있었던 생명

나무와 선악과의 이야기는 바로 우리의 이야기인 것이다.

그래서 사단이 하와를 유혹할 때에 사용하였던 육신의 정욕, 안목의 정욕, 이생의 자랑을 가지고 지금도 우리를 하나님에게서 멀리 세상으로 가게끔 유혹하고 있는 것이다. 거의 모든 사람이 여기에 넘어지고 있는 것이다.

그런데 완벽하게 지어진 예수님은 이 시험에 넘어가지 아니하셨다.

그분의 무죄성, 완전성을 드러내신 것이다.

그런데 이 인간창조의 이야기에서 하나님은 처음에 어디부터 어디까지 알고 계셨을까?

하나님은 말씀하신다. 성경은 이렇게 말하고 있다.

하나님이 인간을 지으실 때에

[창 1:26-27]

(26)하나님이 가라사대 우리의 형상을 따라 우리의 모양대로 우리가 사람을 만들고 그로 바다의 고기와 공중의 새와 육축과 온 땅과 땅에 기는 모든 것을 다스리게 하자 하시고 (27)하나님이 자기 형상 곧 하나님의 형상대로 사람을 창조하시되 남자와 여자를 창조하시고

즉 하나님께서 이렇게 말씀하셨다. '우리의 형상대로 우리의 모양대로 사람을 만들자' 하실 그 때에 예수님이 이미 그 때에 계셨다. 그래서 '우리'라는 말을 쓰고 계시는 것이다.

그리고 에베소서 1장에서는 이렇게 말하고 있다.

하나님께서 우리를 창세이전에 예수 안에서 예정하사 라고 말이다.

[엡 1:3-5]

(3)찬송하리로다 하나님 곧 우리 주 예수 그리스도의 아버지께서 그리스도 안에서 하늘에 속한 모든 신령한 복으로 우리에게 복 주시되 (4)곧 창세 전에 그리스도 안에서 우리를 택하사 우리로 사랑 안에서 그 앞에 거룩하고 흠이 없게 하시려고 (5)그 기쁘신 뜻대로 우리를 예정하사 예수 그리스도로 말미암아 자기의 아들들이 되게 하셨으니

우리를 창세전에 그리스도 안에서 우리를 택하셨다고 말씀하신다.

그러면 창세전부터 즉 지구가 생기기 전부터 인간이 태어나기 전부터 하나님은 어떤 영혼이 그의 자녀가 될 것인가를 알고 계셨다는 이야기이다.

그러므로 하나님이 인간을 창조하셨는데 그들이 사단에게 넘어가서 메시야가 올 것을 예언하시고 하는 그 모든 것들이 하나님의 계획 안에 이미 있었다는 말이다.

오 하나님의 깊으신 지혜이시여!

나는 더 이상 캐고 싶지 않았다.

아니 더 이상 묻는다는 것은 하나님의 지혜를 침범하는 것 같으므

로 여기서 그만 질문하는 것이 더 낫겠다. 나는 더 이상 그의 지혜를 알고 싶지 않았다. 어떻게 말해야 할지 표현이 잘 안 된다.

하나님은 이 창세기의 아담과 하와가 선악과를 따먹은 사실에 대하여 왜 모세가 아니고 이사야와 이야기하게 하실까 하는 것이 궁금하여졌다. 왜냐하면 여태까지 모세하고 이야기하다가 창세기의 아담과 하와가 죄지은 부위 가서는 이사야가 나타나서 그와 이야기하게 하셨기 때문이다.

즉 하나님이 왜 창세기부위에서 아담과 하와가 죄를 짓고 난 후에 메시야가 오실 것을 예언한 부위(창 3:15)와 이사야서의 하나님이 이사야에게 예언하신 부분이 일치하기 때문이라는 사실이 알아졌는데 즉 창세기 3:15절의 여자의 후손이 바로 이사야에게 예언된 사 7:14의 임마누엘의 아기이며 또한 사 9:6의 아들, 바로 또한 그가 전능하신 하나님, 평강의 왕이기 때문이라는 것이 알아졌다.

[창 3:15]

내가 너로 여자와 원수가 되게 하고 너의 후손도 여자의 후손과 원수가 되게 하리니 여자의 후손은 네 머리를 상하게 할 것이요 너는 그의 발꿈치를 상하게 할 것이니라 하시고

[사 7:14]

그러므로 주께서 친히 징조로 너희에게 주실 것이라 보라 처녀가 잉태하여 아들을 낳을 것이요 그 이름을 임마누엘이라 하리라

[사 9:6]

이는 한 아기가 우리에게 났고 한 아들을 우리에게 주신 바 되었는데 그 어깨에는 정사를 메었고 그 이름은 기묘자라, 모사라, 전능하신 하나님이라, 영존하시는 아버지라, 평강의 왕이라 할 것임이라

즉 메시야가 오실 것에 관계 되므로 구약의 복음서라고 이야기할 수 있는 이사야와 이야기 하게 하신 것으로 해석이 되어졌다.

[사 53:5-6]

(5)그가 찔림은 우리의 허물을 인함이요 그가 상함은 우리의 죄악을 인함이라 그가 징계를 받음으로 우리가 평화를 누리고 그가 채찍에 맞음으로 우리가 나음을 입었도다 (6)우리는 다 양 같아서 그릇 행하여 각기 제 길로 갔거늘 여호와께서는 우리 무리의 죄악을 그에게 담당시키셨도다

07

지옥에서
종교지도자 OO을 보다.

2014. 7. 22

저녁 기도시간에 천국에 올라갔다.

천국에 도착하자마자 수레에서 내리는데 완전무장한 두 천사가 나를 보조한다. 그들은 은색의 갑옷을 입고 있었고 창까지 들었다.

그리고 나의 손을 잡아 내렸다.

주님이 앞에서 기다리고 계셨다.

나는 즉시 알았다. 아하, 나는 지금 지옥으로 가겠구나!

아니나 다를까 주님이 잘 갔다 오라 하신다.

그 두 무장한 천사와 나는 지옥으로 가는 터널로 들어갔다.

그냥 직선으로 쭉 내려가기보다는 꼭 가파른 언덕길을 내려가듯이 내려가는 느낌이었다. 한참을 내려갔는데 많은 쇠창살이 보이고 모두가 다 목에다가 큰 나무를 채우고 있었다.

그중에 특별히 OO이 보였다. 그는 욕하고 저주하고 있었다.

그의 뒤로 활활 타오르는 불덩이가 보였다. 또 그 다음에는 종교 지도자 OO이 마귀부하들에 의하여 그 큰 나무를 치우고 이제는 두 손이 묶여 끌려가는 것이 보였다. 그것은 불에 고통당하기 위해서 였다.

OO은 더 저주하였다. 그의 입에서 나오는 말이 더 저주스러웠다.

아, 나는 더 이상 보기를 원치 않았다.

오늘 왜 주님은 갑자기 나에게 지옥을 보여 주셨을까? 생각하여 보았다. 짐작이 가는 것이 있지만 아직 확실하지 않아서 그것이 확인되면 이야기 해야겠다.

나는 아담과 하와가 지옥에 있는지 천국에 있는지 궁금하였다. 주님께 그들을 보여 달라 하였더니 모세가 중단시켰다.

주님 사라가 억지를 부리고 있어요. 하면서......

나는 지금 아담과 하와를 생각하면 내 영이 울고 있다.

이들이 천국에 없는 것 같아서 말이다. 아니 이미 내 영은 알고 있는 것 같았다. 그들이 지옥에 있다는 것을.......

다시 확인하여 보아야 할 일이다.

내가 궁금하여 하니 그 다음날 즉 오늘 지옥에 나를 데리고 온 것 같다. 그렇다면 그들은 지옥에 있을 확률이 많다.

08

여호와의 불로 사라지는 옛뱀, 즉 사단

2014. 7. 24

천국에 올라갔다.

주님과 모세 그리고 나 이렇게 셋이서 모세의 궁 안의 넓은 광장앞 쪽으로 즉 성소에 가까운 쪽으로 하여 테이블을 놓고 앉았다.

주님은 주님의 자리에 앉으시고 나는 주님의 오른편, 모세는 주님의 왼편에 앉아서 서로 마주보고 앉았다.

주님은 모세가 성경에 대하여 나와 이야기하기를 먼저 시작하기를 원하셨다. 그러는 중에 아기 천사 한명이 나에게 모세의 황금지팡이를 가져왔다. 나는 그것을 내 옆 의자에 놓았다.

모세는 여호와께서 지은 동물 중에서 가장 간교하게 지은 것이 뱀이라고 하는 그 부위로 가기를 원했다.

모세는 내가 뱀에 대하여 여러 질문이 있다는 것을 안 것 같다.

[창 3:1]

여호와 하나님의 지으신 들짐승 중에 뱀이 가장 간교하더라 뱀이 여자에게 물어 가로되 하나님이 참으로 너희더러 동산 모든 나무의 실과를 먹지 말라 하시더냐

주님은 이 뱀에게 루시퍼 즉 사단이 들어간 것을 알게 하여 주셨다.
내가 뱀에 대하여 내 마음 안에 일어나는 질문을 자꾸 가지니까
테이블위에 뱀이 하나 갑자기 생겼다.
그러더니 그것이 여러 수십 마리로 되더니 거기에 그만 여호와의
불이 확 붙어서 없어지게 하시는 것이었다.

아하, 그것은 나에게 주는 어떤 메시지였는데... 즉 나를 보고 뱀을
두려워하지 말라는 메시지로 받아 들여졌다.
나에게 조금이라도 뱀에 대한 무서움, 두려움 등이 있는 것을 아시
고 즉시 책상위에 뱀들을 생기게 하시더니 하나님의 불로, 즉 성령의
불로, 여호와의 불로 사를 수 있음을 나에게 그냥 보여주신 것이다.
뱀을 무서워하지 말라. 두려워하지 말라. 아무 것도 아니라는 것을
내게 보여주신 것이다.
할렐루야.

이 뱀은 큰 용이고 마귀라고도 하고 사단이라고 하고 온 천하를 꾀
는 자로서 옛뱀이라고도 불리워진다.

[계 12:9-10]

(9)큰 용이 내어 쫓기니 옛 뱀 곧 마귀라고도 하고 사단이라고도 하는 온 천하를 꾀는 자라 땅으로 내어 쫓기니 그의 사자들도 저와 함께 내어 쫓기니라 (10)내가 또 들으니 하늘에 큰 음성이 있어 가로되 이제 우리 하나님의 구원과 능력과 나라와 또 그의 그리스도의 권세가 이루었으니 우리 형제들을 참소하던 자 곧 우리 하나님 앞에서 밤낮 참소하던 자가 쫓겨 났고

[계 20:2-3]

(2)용을 잡으니 곧 옛 뱀이요 마귀요 사단이라 잡아 일천년 동안 결박하여 (3)무저갱에 던져 잠그고 그 위에 인봉하여 천년이 차도록 다시는 만국을 미혹하지 못하게 하였다가 그 후에는 반드시 잠간 놓이리라

즉 큰 용 = 옛뱀 = 마귀 = 사단이다.

주님은 이 뱀을 무서워하지 말라는 것이다.
할렐루야.

09

아담과 하와를
지옥에서 보다.

2014. 7. 25

천국에 올라갔다.

주님이 구멍 뚫린 손으로 나를 수레에서 맞아 내리셨다.

벌써 주님 주위에 4명의 갑옷으로 무장한 천사들이 보였다. 즉 나를 지옥으로 데리고 갈 천사들인 것이다. 나는 알았다. 오늘은 주님이 나를 지옥으로 보내실 것을...

주님은 나보고 잘 다녀오라 하셨다.

네 명의 무장한 천사들과 나는 어떤 터널로 내려갔다.

터널이 엘리베이터로 되어 있다기보다는 무슨 터널 입구 같은데 그 입구가 아주 캄캄하면서 계속 내려가는데 그 터널의 벽은 퀴퀴한 냄새로 범벅이 되어 있었고 그 냄새는 꼭 박쥐가 썩어서 나는 냄새 같았다. 그리고 그 터널의 절벽 같은 벽에는 습기와 함께 이끼가 끼어 있었다. 우리는 이러한 벽을 계속하여 내려갔다.

한참을 내려갔는데 급기야는 그 터널이 확 뚫린 것 같이 넓은 공간이 나타나면서 앞쪽에 깊은 연못이 있고 그 속에 환한 불못이 보인다. 그 연못은 절벽과 같은 벽을 주위로 하고 있었다.

그 연못은 불못인데 그 안에서 사람들이 벌거벗은 채로 크게 소리치며 고통당하고 있었다.

연못위로 가장자리 벽들에는 다 이슬이 끼어 있고 물기가 있었다.

그곳에 있는 사람들은 불이라는 연못에 담겨져 있었고 불로 고통당하고 있었다.

그것을 보면서 천사들은 나를 저 안쪽으로 데리고 갔다.

이 연못같이 생긴 곳에서 사람들이 불에 고통당하는 것이 너무 괴로워서 그 불 연못의 가장자리 벽으로 타고 올라오는데 그들이 가장자리 벽을 타고 올라오는 즉시 마귀부하들은 그들의 손과 손가락을 잘라 버리려고 그 연못 절벽 위에서 웅크리고 앉아서 큰 칼을 들고 기다리고 있었다.

참으로 놀라운 장면이었다. 나는 이 장면들이 너무 무섭고 괴로워서 이미 내 지상의 몸은 괴로워 신음하고 있는 것이 느껴졌다.

그 장면을 보면서 천사들과 나는 더 안쪽으로 이동하였다.

지금 내가 보고 있는 이곳은 상당히 넓은 장소였다.

나는 속으로 아담과 하와가 여기 불 연못 안에 있느냐고 계속 물었다. 그런데 분명히 연못 안에는 아담과 하와가 없다는 것이 그냥 알아졌다. 아니 그러면 그들은 어디에 있단 말인가? 궁금하였다.

그러고 나서 그들은 즉 천사들이 나를 더 안쪽으로 이동하면서 데리고 갔다.

우리는 그 불연못이 동그랗게 크게 아래로 있는데 우리는 그 불 연못 가장자리를 돌아서 저 안쪽으로 가고 있는 것이었다.

그렇게 하여 더 안쪽으로 들어가니 연못주위로 큰 삼각형의 넓은 지대가 나타났는데 거기에는 쇠창살들이 쭉 놓여 있었고 또 그 쇠창살들은 다 녹이 슬어 보였다.

그리고 불연못 쪽으로 가장 가까이 있는 쇠창살 안에는 두 영혼이 같이 들어 있었는데 그 두 영혼들은 뼈만 남아 있었고 눈도 없이 구멍만 뚫려 있었다.

나는 즉시 그들이 아담과 하와인 것을 알 수 있었다.

나는 그들이 오랫동안 저 불 못에서 고생하고 타다가 이 쇠창살 안에 넣어졌다는 것이 그냥 알아졌다.

나는 그들을 보자 마음이 많이 아팠다.

나는 아담을 보고 '왜 여기 와 있냐?' 고 물었다.

아담이 말했다.

우리가 하나님의 말씀을 들었어야 했는데 뱀의 말을 들었다는 것이다. 그리고 나보고 말한다.

'뱀의 말을 듣지 말고 하나님의 말씀을 들으라고........'

할렐루야!

나는 또 물었다.

누가 여기에 오는지를 물었다.

그랬더니 아담이 이렇게 말을 했다.

여기는 하나님의 말씀보다 뱀의 말을 듣고 산 자들이 여기 온다는 것이다.

그러자 나는 내 속으로 이렇게 말했다.

'뱀의 말을 듣고 사는 사람들이 얼마나 많은데....' 어떡하나?

나는 거기까지 대화하고 지상으로 내려온 것이다.

10

아담과 하와가
지옥에 와 있는 이유

2014. 7. 25

그 다음 나는 또 천국에 올라갔다.

주님이 이번에는 나를 정원의 벤치로 인도하셨다.

주님과 나는 그 벤치에 앉았다.

나는 벌써 눈물이 내 눈에서 글썽이고 있었다.

왜냐하면 조금 전에 지옥에서 본 아담과 하와 때문이었다.

나는 주님께 물었다.

"주님! 아담과 하와를 보고 싶어요."

나는 그들이 천국에 없다는 것을 알면서도 다시 확인하고 싶었던 것이다. 주님도 벌써 눈에 눈물이 고였다. 그리고 아무런 말씀이 없으셨다. 왜냐하면 주님은 내가 조금 전에 지옥에서 아담과 하와를 보고 온 것을 아신다. 주여!

나는 지상에 내려와서도 지옥에 있는 아담과 하와 때문에 힘들어 했다. 왜냐하면 우리 처음 조상인 아담과 하와가 지옥에 있는 것을 보았기 때문이다. 내 육신의 생각은 설마 했는데........

그러면서도 나는 모세와 주님과 함께 창세기를 나눌 때에 나의 영이 이미 그들이 지옥에 있을 것을 감지하고 있었지만 그러나 그들을 실제로 지옥에서 보니 더 괴로웠다.

그러나 나는 실제로 그들을 보기 전부터 주님과 모세와 대화가운데 내가 눈치를 채고 있었다. 그래서 내가 내 영이 계속 괴로워하고 있었는데 오늘 주님은 실제로 그들이 지옥에 있는 것을 내게 보여주신 것이다.

그래서 지난번에 내가 천국에서 주님께 '아담과 하와를 보여 주세요.' 라고 당돌하게 따지듯이 말을 했을 때에 만이라도 나는 설마 그들이 지옥에 있으랴 하고 생각했었다.

그런데 그들이 실제로 지옥에 있는 것이었다.

내가 그렇게 당돌하게 주님께 보여 주세요 라고 말했을 때에 모세는 갑자기 내 말을 중단시키면서 주님께 이렇게 말했다.

'주님 사라가 억지를 부리고 있어요.' 라고 말이다.

그래 맞다. 지금 생각하니 모세는 천국에 없는 자들을 내가 보여달라고 지금 억지를 부리고 있다는 의미였을 가능성이 많은 것이다.

주여!......

그렇다! 성경에는 아담과 하와는 선악과를 따 먹은 후에 그들은 하나님을 믿었다는 말도 없고 그들이 하나님 앞에서 회개하였다는 말도 없다. 아담과 하와! 그들은 지금 지옥에 있다.

주여! 이 일을 어찌 하오리이까? 오호 통재라.....

우리의 처음 조상 아담과 하와가 지옥에 있다니!.......

[출 34:7]

인자를 천대까지 베풀며 악과 과실과 죄를 용서하나 형벌 받을 자는 결단코 면죄하지 않고 아비의 악을 자여손 삼 사대까지 보응하리라

우리의 첫 조상이라 하여 하나님은 봐주는 것이 없다는 것이다.

나는 여기까지 보고 더 이상 천국도 지옥도 보기 싫었다.

'Lord, I want to have break!'

왜냐하면 나는 아담과 하와가 지옥에 실제로 있는 것을 보고 충격을 받았기 때문이다. 나는 이 사실을 어떤 목사님에게 알렸다.

아담과 하와가 천국에 없고 지옥에 있다고 하였더니 그 목사님 왈, '아 그것이 맞을 것 같아요.' 하시면서 성경구절을 갖다 대신다.

[히 11:1-4]

(1)믿음은 바라는 것들의 실상이요 보지 못하는 것들의 증거니 (2)선진들이 이로써 증거를 얻었느니라 (3)믿음으로 모든 세계가 하나님의 말씀으로 지어진 줄을 우리가 아나니 보이는 것은 나타난 것으로 말미암아 된 것이 아니니라 (4)믿음으로 아벨은 가인보다 더 나은 제사를 하

나님께 드림으로 의로운 자라 하시는 증거를 얻었으니 하나님이 그 예물에 대하여 증거하심이라 저가 죽었으나 그 믿음으로써 오히려 말하느니라

즉 믿음의 조상으로 아벨부터 시작한다는 것이다.

우리는 잘 알다시피 아벨은 어린양으로 피의 제사를 하나님께 올려 드렸다. 그런데 아담과 하와는 피의 제사를 드렸다는 말이 없다.

또한 그들이 하나님 앞에 회개하였다는 기록도 없다.

그렇다면 그들은 끝까지 하나님 앞에서 회개하지 않았다는 것이다. 이것은 나중에 아벨을 만났는데 아벨이 한 이야기에서 이것이 더 확실하여졌다.

그런데 사람들은 말한다.

'하나님께서 동물을 죽여서 그들에게 가죽옷을 해서 입혔다고……'

그것은 하나님의 일반은총에 속하는 것이라 보는 것이 맞다.

하나님은 비를 선인에게도 악인에게도 내리신다. 그것처럼 이 세상에는 하나님이 지으신 아담과 하와밖에 없는데 그들이 하루면 찢어지는 무화과나무로 치부를 가린 것을 보시고 가죽옷을 해 입혔다는 것은 바로 일반은총에 속하는 것이다.

문제는 아담과 하와가 피의 제사를 드리지 않았다는 것이고 회개하였다는 말이 없다는 것이다.

그래서 그들은 지금 지옥에 와 있는 것이다. 주여!

11

천국에서
아벨을 만나다.

2014. 7. 25

천국에 올라갔다.

나는 천국에 올라가자마자 주님이 내 손을 잡고 춤을 추기 시작하셨다. 주위에 흰 옷 입은 많은 자들이 구경하고 있었다.

나는 주님과 실컷 춤을 추었다. 그때 천국에서 울려 퍼지는 노래가 있었는데 그것은 찬송가 40장이었다.

주 하나님 지으신 모든 세계 내 마음속에 그리어 볼 때
하늘의 별 울려 퍼지는 뇌성 주님의 권능 우주에 찼네
주님의 높고 위대하심을 내 영혼이 찬양하네
주님의 높고 위대하심을 내 영혼이 찬양하네

숲속이나 험한 산골짝에서 지저귀는 저 새소리들과
고요하게 흐르는 시냇물은 주님의 솜씨 노래하도다

주님의 높고 위대하심을 내 영혼이 찬양하네
주님의 높고 위대하심을 내 영혼이 찬양하네

이 찬송이 주님과 내가 춤을 출 때에 천국의 전역에서 울려 퍼지고 있었다. 나는 주님과 발레뿐 아니라 왈츠 등 빠른 음악에 발을 맞추어서 춤추기도 하고 또한 느린 음악에 아주 그윽하게 찬송가 40장에 맞추어서 너무 신나고 즐겁게 그리고 황홀하게 춤을 추었다.

그러고 나서 주님과 나는 모세가 있는 궁으로 갔다.

궁 안에는 넓은 광장이 있고 그 앞쪽으로는 하나의 테이블이 놓여 있고 주님과 나 그리고 모세가 각각 자기가 앉는 자리에 앉았다.

나는 눈물을 흘렸다. 아담과 하와 때문이었다. 왜냐하면 그들이 천국에 없다는 것을 알았기 때문이다.

그러나 모세는 눈물을 보이지 않았다.

나는 모세에게 마음으로 말했다.

'성경의 어디로 갈 것인지 정하라고....'

마음으로 그 답이 온다. 모세는 '아벨 쪽으로 가자'고 한다.

[창 4:1-7]

(1)아담이 그 아내 하와와 동침하매 하와가 잉태하여 가인을 낳고 이르되 내가 여호와로 말미암아 득남하였다 하니라 (2)그가 또 가인의 아우 아벨을 낳았는데 아벨은 양 치는 자이었고 가인은 농사하는 자이었

더라 (3)세월이 지난 후에 가인은 땅의 소산으로 제물을 삼아 여호와께 드렸고 (4)아벨은 자기도 양의 첫 새끼와 그 기름으로 드렸더니 여호와께서 아벨과 그 제물은 열납하셨으나 (5)가인과 그 제물은 열납하지 아니하신지라 가인이 심히 분하여 안색이 변하니 (6)여호와께서 가인에게 이르시되 네가 분하여 함은 어찜이며 안색이 변함은 어찜이뇨 (7)네가 선을 행하면 어찌 낯을 들지 못하겠느냐 선을 행치 아니하면 죄가 문에 엎드리느니라 죄의 소원은 네게 있으나 너는 죄를 다스릴지니라

모세와 내가 이 성경부위를 보고 있는데 실제로 아벨이 나타났다.

그는 걸어 와서는 모세 옆에 앉았다. 그는 키가 크고 덩치가 있었다. 그리고 하얀 옷을 아래위로 입고 있었다.

그는 나에게 이렇게 알게 하여 주었다.

즉 자기가 아버지, 엄마, 형에게 하나님 앞에는 피의 제사를 드려야 한다고 말했다 한다. 그런데 그들은 자신들의 삶에 더 바빴고 하나님의 말씀을 경홀히 여겼다고 했다.

그러면 나의 질문은 '하나님은 그들에게 피의 제사에 대하여 말씀하셨는가?' 하는 것이다.

그 당시는 하나님과 그들과 직접 대화를 했다.

아벨과 가인은 하나님으로부터 피의 제사를 드려야 한다고 말을 들었다고 했다. 그런데 가인은 그것을 무시하였고 아담과 하와 역시 그것을 듣지 아니하였다는 것을 알게 하여 주었다.

아벨은 아버지와 엄마가 하나님이 먹지 말라고 한 선악과를 따먹

어 죄를 지어서 에덴동산에서 쫓겨난 것을 알고 있었고 또한 하나님의 계획 즉 창 3:15도 들어서 알고 있었다.

여자의 후손이 인류의 죄를 위하여 피를 흘려주실 것을 알고 있었다는 것이다.

이 상황은 정말 우리의 상황과 유사하다.

하나님의 말씀을 듣고 순종하는 자와 순종하지 않는 자가 있다.

하나님의 말씀을 경홀히 여기고 자기의 생각대로 사는 자들이 많다. 우리는 알아야 한다.

하나님의 말씀을 절대로 무시하여서는 안 된다는 사실을 말이다.

죄를 사함받기 위하여서는 피의 제사를 드려야 함을 아벨이 들었다. 그리고 그는 그대로 행하였다.

우리에게도 이러한 순수함이 있어야 하는 것이다. 즉 우리가 아벨과 같이 순수하게 하나님을 섬기지 아니하면 결코 천국에 입성하지 못한다는 사실을 알아야 할 것이다.

그 후에 가인은 아벨을 쳐 죽인다.

[창 4:3-12]

(3)세월이 지난 후에 가인은 땅의 소산으로 제물을 삼아 여호와께 드렸고 (4)아벨은 자기도 양의 첫 새끼와 그 기름으로 드렸더니 여호와께서 아벨과 그 제물은 열납하셨으나 (5)가인과 그 제물은 열납하지 아니하신지라 가인이 심히 분하여 안색이 변하니 (6)여호와께서 가인에게 이르시되 네가 분하여 함은 어찜이며 안색이 변함은 어찜이뇨 (7)네

가 선을 행하면 어찌 낯을 들지 못하겠느냐 선을 행치 아니하면 죄가 문에 엎드리느니라 죄의 소원은 네게 있으나 너는 죄를 다스릴지니라 (8) 가인이 그 아우 아벨에게 고하니라 그 후 그들이 들에 있을 때에 가인이 그 아우 아벨을 쳐 죽이니라 (9)여호와께서 가인에게 이르시되 네 아우 아벨이 어디 있느냐 그가 가로되 내가 알지 못하나이다 내가 내 아우를 지키는 자니이까 (10)가라사대 네가 무엇을 하였느냐 네 아우의 핏소리가 땅에서부터 내게 호소하느니라 (11)땅이 그 입을 벌려 네 손에서부터 네 아우의 피를 받았은즉 네가 땅에서 저주를 받으리니 (12)네가 밭 갈아도 땅이 다시는 그 효력을 네게 주지 아니할 것이요 너는 땅에서 피하며 유리하는 자가 되리라

가인은 하나님이 무엇을 원하시는지 알고 있으면서도 그것을 행치 아니하고 자신의 편리대로 하나님 앞에 제사를 드린 것이다.

즉 하나님이 원하는 제사는 드리지 않고 자신이 편한대로 제사를 드린 것이다. 그리하였더니 하나님이 가인에게 이렇게 말씀하신다.

'네가 선을 행하면 어찌 낯을 들지 못하겠느냐' 라고 말이다.

그리고 아벨은 이로 인하여 하나님께 대한 첫 순교자가 된 것이다.

하나님 앞에 죄를 지으면 그가 거하는 땅이 저주를 받아 손으로 하는 모든 일에 한재가 온다. 이것이 가인에게 내린 벌이었다.

나는 아벨에게 물었다.

'하나님을 얼마나 사랑하였냐고?'

아벨이 나에게 알게 한다.

'목숨을 다하고 정성을 다하고 힘을 다하고 뜻을 다하여 하나님을 사랑했다'고 한다.

그렇다. 천국은 아무나 들어가는 것이 아니다.

마음을 다하고 목숨을 다하고 뜻을 다하고 힘을 다하여 하나님을 사랑한 자들만이 들어갈 수 있는 곳이 천국인 것이다.

(여기서의 천국은 하나님의 영광이 해같이 빛나는 새 예루살렘성전 안을 말한다)

아벨도 하나님을 그렇게 사랑하였다.

또한 그러한 자만이 하나님의 말씀을 지킬 수가 있다.

그리하여 하나님의 말씀을 경홀히 여긴 아담과 하와 그리고 가인은 결단코 천국에 들어가지 못한 것이다.

주여!

또한 아벨은 자신의 먹고 사는 문제보다 그의 나라와 그의 의를 먼저 구한 것을 알게 하여 주셨다. 즉 그가 양을 친 것은 순전히 하나님을 섬기기 위해서였다. 진정한 회개를 하기 위해서였다.

왜냐하면 그 당시에는 하나님은 식물만 그들의 음식으로 주었기 때문이다. 동물은 노아의 홍수 이후에 그들이 먹을 수 있게 하였다.

[창 1:29]

하나님이 가라사대 내가 온 지면의 씨 맺는 모든 채소와 씨 가진 열매

맺는 모든 나무를 너희에게 주노니 너희 식물이 되리라

　노아의 홍수이후에야 하나님은 인간들로 하여금 그제서야 동물을 식물로 주셨다. 그 이전에는 채소와 과일만 식물로 주셨던 것이다.

　그럼에도 불구하고 아벨은 자신의 먹고 사는 문제보다 그의 나라와 그의 의를 먼저 구하기 위하여 양을 친 것이다. 그는 철저히 자신이 하나님 앞에서 죄인임을 깨달았다.

[창 9:3]
무릇 산 동물은 너희의 식물이 될지라 채소 같이 내가 이것을 다 너희에게 주노라

　그러므로 아벨이 먹을 수도 없는 양을 친 것은 순전히 하나님 앞에 피의 제사를 드리기 위함이었던 것이다.

　이렇게 순수하게 하나님을 사랑하고 그의 나라와 그의 의를 구한 자들은 천국에 들어갈 수 있는 것이다. 이것을 성경이 우리에게 보여주고 있는 것이다.

　할렐루야!

12

아벨이 이 시대
사람들에게 전하는 말

2014. 7. 28

천국에 올라갔다.

주님은 나를 모세의 궁으로 데리고 갔다. 그리고 모세의 궁 광장에 큰 긴 테이블이 놓였고 거기에 주님이 주님의 자리에 앉으시고 내가 그분의 오른편에 모세가 그분의 왼편에 앉았다.

그러고 있는데 아벨이 왔다.

나는 아벨에게 물었다. '아벨, 지금 이 시대에 전할 말이 있으면 한마디 해 달라' 했다.

그리하였더니 아벨은 이렇게 말한다.

'자신이 어린 양으로 피를 흘려 제사를 드린 것은 그 어린 양은 예수님을 표현한다'고 하면서 우리에게 '철저히 회개하면 천국에 들어온다'고 전하여 달라고 했다. 오직 그 말만 전하여 달라고 했다.

즉 철저히 회개하면 천국에 들어올 수 있다는 것이다.

아멘.

[계 22:14]

그 두루마기를 빠는 자들은 복이 있으니 이는 저희가 생명 나무에 나아가며 문들을 통하여 성에 들어갈 권세를 얻으려 함이로다

그리고 아벨은 우리를 떠나갔다.

그리고 나서 모세와 나는 노아에 대하여 보았다.

나는 성경에서 노아는 하나님과 동행하였다고 했는데 동행한다는 말이 무슨 말인지를 물었다.

이 동행이란 말은 또 에녹과 하나님과의 관계에서도 볼 수 있다.

즉 에녹도 하나님과 동행하다가 하나님이 데려가셨다.

그랬더니 모세가 말하는데 '동행이란 우리의 모든 인생을 다 바쳐 주를 사랑하는 것'이라 했다. 우리 모든 삶의 초점이 주님께로 맞추어져 있는 것이 동행이라 했다.

그리고 또 하나님은 그런 자에게 말씀하신다 했다.

그리고 하나님의 음성을 듣고는 그대로 실행하며 사는 것이 하나님과 동행하는 삶으로 노아와 같이 하나님의 말씀을 듣고 보이는 현상과는 상관없이 오랜 세월동안 방주를 짓는 그러한 삶을 사는 것이 동행의 삶이라 알게 하여 주셨다. 할렐루야!

13
최근에 자살한 목사님이
지옥에 있음을 보다.

2014. 7. 28

천국에 올라갔다.

나는 마차에서 내릴 때부터 내 옷은 눈이 부시게 하얗게 빛이 났다.

주님의 옷도 오늘따라 매우 눈이 부시게 빛이 났다.

주님은 나를 정원으로 데리고 가셨다.

그리고 나에게 말씀하신다.

내가 너에게 천국의 더 많은 곳을 보여 주리라.

그러자 나는 주님께 말했다.

"주님, 저에게 지옥도 더 많이 보여주세요."라고 했는데 나는 어느 새 지옥에 와 있었다.

할렐루야.

저쪽에 활활 타는 불이 보였고 거기서 내 쪽으로 큰 뱀이 나에게 갑자기 덤벼들려 하였다. 그 순간 언제 나타났는지 무장한 천사가 나를 보호하기 위하여 그를 대적하여 넘어 뜨렸다.

그리고 나는 그 순간에 주님께 이렇게 말했다.

"주님, 김OO 목사님 보고 싶어요."라고.

이 목사님은 자살했다. 들리는 말에 의하면 우울증이 있었다 한다.

그랬더니 갑자기 노란 큰 구렁이가 긴 장대를 타고 올라가는 것이 보였다. 그리고 그 장대 위에 김 목사가 매달려 있었다.

그리고 그는 목까지 그 노란 뱀이 칭칭 감고 있는 것이 보였다.

그리고 그 노란 뱀이 그의 몸을 조이는데 그 압력에 의하여 김 목사는 괴로워 미칠 것같이 보였다.

뱀들은 그의 몸을 조여서 그 몸이 터지게 하고 있었다.

그리고 김 목사는 이렇게 말했다.

"내가 여기 올 줄 몰랐어. 내가 여기 올 줄 몰랐어……"

그는 '내가 하나님의 말씀을 다른 사람들에게 설교하고 가르쳤는데 내가 왜 여기 와 있냐?'고 말했다.

그리고 그는 말하기를 '나는 내가 자살해도 천국갈 줄 알았어....'라고 했다.

그리고 그는 계속 조여 오는 뱀들로 인하여 매우 괴로워하고 있었다. 주여!

나는 지금 자살한 자들이 와 있는 지옥에 와 있었다.

14
노아의 홍수로
다 쓸어버리시고
다시 시작하시는 하나님

2014. 7. 29

천국에 올라가기 전에 수레 안에서 벌써 내가 내리기전에 주님은 내게 생명수를 많이 먹이셨다. 즉 수레 안에서 나에게 생명수를 많이 먹이신 것이다.

그러고 나서 주님도 내리고 나도 내렸는데 주님은 나를 공중으로 던지셔서 빙 돌리시는 것이었다. 그러고 나서 주님은 나를 정원에 난 길로 인도하셨는데 그 정원의 양쪽에는 노란 꽃들이 키 크기가 1m 이상이나 되어 쭉쭉 한없이 뻗어 있었다. 너무 예뻤다. 주님과 내가 그 정원에 난 길을 따라 한참을 걸어가니 이 노란 꽃들이 나중에는 붉은 분홍색 꽃으로 변했다.

주님과 나는 결국 유리바다 앞에 놓여있는 벤치에 도달하였다.

거기에 주님과 내가 앉아 있었는데 이사야가 하늘색의 옷을 입고 우리에게 나타났다. 그리고는 내 옆에 앉았다.

내가 주님께 말했다.

"주님, 이사야가 왔어요."

주님은 '오 그래 할 말이 있는 모양이지 사라에게' 그렇게 말씀하셨다. 그래서 나는 이사야에게 말했다.

'저에게 무슨 할 말씀이 있어요?'라고 물었더니 이사야가 말한다. 자기가 이사야 53장에서 말한 것처럼 예수님이 우리를 위하여 채찍을 맞으므로 우리의 질병을 다 가져가신 것을 나에게 믿으라고 했다. 그리고 그것을 나에게 선포하라 했다. 그리고 이것도 믿음으로 받아야 한다고 말하는 것이었다. 할렐루야.

'네 알겠습니다. 그렇게 하겠습니다.'

'감사합니다.' 라고 말했다.

그리고 나는 주님과 함께 모세에게 가기를 원했다.

주님과 나는 이사야가 벤치에 앉아 있는 것을 보고 모세가 있는 궁으로 갔다. 모세가 테이블 있는 쪽으로 나왔다.

그리고 모세는 성경의 노아의 부분에 가기를 원했다.

노아, 그는 당대에 의로운 자였다. 그를 통하여 다시 이 세상의 사람들이 번식하게 되었다. 그러나 노아는 의로운 자여서 하나님이 그로 방주를 짓게 하여 구원을 받게 하였다하더라도 왜 그 아들들과 그 자부들까지 하나님은 구원을 받게 하셨는가?'하는 의문이 생겼다. 그랬더니 그것은 전적으로 하나님의 은혜인 것을 알게 하신다.

즉 노아를 통하여 사람들을 지구에 번식시키려 하니 그 아들들을 하나님이 특별히 보존하신 것이었다.

그들이 구원받은 것은 순전히 하나님과 동행한 당대의 의인 노아

때문이었다.

그 때에 나는 다음 성경구절이 생각이 났다.

이 노아의 이야기는 이스라엘 민족이 모세가 시내산에 올라가서 40일간 소식이 없자 금송아지를 만들어서 그것이 그들을 애굽에서 인도하여 낸 신이라 하고 그것에 절하고 제사하는 우상숭배의 죄를 지으니 하나님은 모세에게 이렇게 말씀하셨을 때에'내가 이 부패한 이스라엘 민족을 다 멸하고 너를 통하여 큰 나라가 되게 하겠다.'고 하셨던 사건과 동일한 맥락임을 알게 하여 주신다.

[출 32:7-14]

(7)여호와께서 모세에게 이르시되 너는 내려가라 네가 애굽 땅에서 인도하여 낸 네 백성이 부패하였도다 (8)그들이 내가 그들에게 명한 길을 속히 떠나 자기를 위하여 송아지를 부어 만들고 그것을 숭배하며 그것에게 희생을 드리며 말하기를 이스라엘아 이는 너희를 애굽 땅에서 인도하여 낸 너희 신이라 하였도다 (9)여호와께서 또 모세에게 이르시되 내가 이 백성을 보니 목이 곧은 백성이로다 (10)그런즉 나대로 하게 하라 내가 그들에게 진노하여 그들을 진멸하고 너로 큰 나라가 되게 하리라 (11)모세가 그 하나님 여호와께 구하여 가로되 여호와여 어찌하여 그 큰 권능과 강한 손으로 애굽 땅에서 인도하여 내신 주의 백성에게 진노하시나이까 (12)어찌하여 애굽 사람으로 이르기를 여호와가 화를 내려 그 백성을 산에서 죽이고 지면에서 진멸하려고 인도하여 내었다 하게 하려 하시나이까 주의 맹렬한 노를 그치시고 뜻을 돌이키사 주의 백

성에게 이 화를 내리지 마옵소서 (13)주의 종 아브라함과 이삭과 이스라엘을 기억하소서 주께서 주를 가리켜 그들에게 맹세하여 이르시기를 내가 너희 자손을 하늘의 별처럼 많게 하고 나의 허락한 이 온 땅을 너희의 자손에게 주어 영영한 기업이 되게 하리라 하셨나이다 (14)여호와께서 뜻을 돌이키사 말씀하신 화를 그 백성에게 내리지 아니하시니라

우리가 믿는 하나님은 그분이 하시겠다하시면 정말 모든 것을 다 하실 수 있 는 분이시다. 할렐루야!

누구든지 하나님 앞에 범죄하면 오래 참으시다가 다 쓸어버리시고 다시 시작하실 수 있는 분이 바로 우리가 믿는 하나님이신 것이다.

우리는 이것을 절대적으로 명심하여야 할 것이다.

두 번째 천국에 올라갔다.

내가 수레에서 내리자마자 내가 미끄럼틀에서 내려오는 것이었다.

이것이 어떻게 가능한지 모르겠으나 수레에서 내리자마자 나는 저 높은 곳에서 미끄럼을 타고 내려와 주님을 만났다.

할렐루야.

주님은 나를 바로 모세가 있는 궁으로 인도하였는데 궁 안의 큰 광장의 바닥이 오늘 자세히 보였는데 붉은 벽돌로 다 되어 있었다.

오. 할렐루야.

그 넓은 광장이 벽돌로 되어 있는 것이었다.

그리고 그 광장 저 앞에 황금 테이블이 놓여 있었는데 거기에 주님과 모세 그리고 내가 앉았다.

모세가 말한다.

'주님, 사라가 자꾸 성경의 다른 곳을 보기를 원해요.'

나는 내가 궁금한 것이 있는데 모세는 아직 그곳으로 넘어가는 것이 합당하지 않음을 말하는 것이다.

그러면 모세님은 내가 말하기를 어디를 보기 원하냐고 물었더니 노아부위라 했다. 즉 모세는 아직 노아에서 안 넘어 가고 있는 것이다. 무엇을 원하는 것일까? 주님은 무엇을 말씀하고 싶으신 것일까? 그런데 나는 다른 곳을 보기를 원했다. 내가 자꾸 그렇게 다른 곳을 보기를 원하니까 모세와 더 이상 대화가 열리지 않았고 그래서 내려와야 했다.

15

주님이 아브라함에게 나타난 멜기세덱이 '나야' 라고 말씀하시다

2014. 7. 30

천국에 올라갔다.

올라갈 때부터 나는 수레 안에서 눈물을 보이고 있었다.

다이아몬드 면류관에 흰 드레스를 입고 말이다.

천국에 도착하자 주님이 수레 바로 바깥에서 나를 맞아주신다.

그리고 주님과 나는 즉시 높이 비상했다. 구름 없이.....

나는 마냥 주님과 날고 싶었다. 왜냐하면 주님과 있는 것이 너무 좋았기 때문이다.

우리 밑에서는 하얀 옷 입은 자들이 수없이 우리에게 손을 흔든다. 주님과 나는 위로 계속하여 날았다.

얼마나 날았는지 모르는데 주님과 나는 어느새 미끄러지듯이 모세가 있는 궁 안에 도착하였다.

광장안쪽에 있는 이 궁의 구조를 성막구조와 비슷하게 본다면 성소부위에 가깝게 의자가 세 개 놓여 있고 그 의자들의 뒤쪽으로는 칸막이처럼 성소와 뜰을 나누는 것 같은 아주 예쁜 장식의 보석으로 된 큰 판이 보였다.

그 판 뒤로는 이전에도 얘기하였듯이 큰 궁전이 있다.

모세가 있는 궁 안의 광장의 뜰에 성소 가까이 주님의 보좌가 놓여 있는데 이 의자는 황금의자로 되어 있었고 주님은 거기에 앉으시고

나는 주님의 오른편 의자에 또 모세가 와서 주님의 왼편의 의자에 앉았다. 이 의자들은 다 뜰쪽으로 성소의 반대방향을 향하여 놓여 있었다.

모세는 오늘 노란 옷을 아래위로 입고 있었고 금장색 무늬들이 옷의 가장자리들을 장식하고 있었다.

모세가 황금지팡이를 내게 건네주었다.

그러고 나서 의자에 앉아 계시던 주님이 우리 앞으로 광장 쪽으로 놓여 있는 테이블에 좌정하시고 나와 모세는 각각 그분의 오른편과 왼편으로 앉아서 마주보고 앉았다.

그런 후에 흰 날개 달린 아기 천사들이 성경책을 가져와서 나와 모세 앞에다가 놓고 간다. 아 얼마나 아름다운 장면인지······

그런데 성경책들은 다 황금으로 되어 있었다.

책갈피 한 장, 한 장이 얇은 황금인데 그곳에 성경글씨가 적혀 있었다. 천국에서는 특별히 책을 만드는 황금이 따로 있는 것 같다.

나는 모세에게 성경 어디를 보기 원하느냐고 물었다.

그랬더니 모세는 말했다. 멜기세덱이라고...

나는 요 며칠 사이 동안 아브라함에게 나타난 멜기세덱에 대하여 참으로 궁금했었는데 다행히 내 마음을 알고서는 그 곳으로 가자고 하였다.

나는 속으로 할렐루야 하였다.

[창 14:17-20]

(17)아브람이 그돌라오멜과 그와 함께 한 왕들을 파하고 돌아올 때에 소돔왕이 사웨 골짜기 곧 왕곡에 나와 그를 영접하였고 (18)살렘 왕 멜기세덱이 떡과 포도주를 가지고 나왔으니 그는 지극히 높으신 하나님의 제사장이었더라 (19)그가 아브람에게 축복하여 가로되 천지의 주재시요 지극히 높으신 하나님이여 아브람에게 복을 주옵소서 (20)너희 대적을 네 손에 붙이신 지극히 높으신 하나님을 찬송할지로다 하매 아브람이 그 얻은 것에서 십분 일을 멜기세덱에게 주었더라

나는 마음으로 주님께 이렇게 말했다.

'주님 제게 멜기세덱에 대하여 오늘 꼭 가르쳐 주세요'라고 간절한 마음을 전달했다.

그러자 주님이 나에게 즉시 알게 하여 주시는데 그 멜기세덱이 주님이시라는 생각을 넣어 주셨다. 할렐루야.

그래서 나는 즉시 주님을 쳐다보았다.

'주님, 멜기세덱이 주님 맞아요?' 하고 쳐다보는데

그 말에 주님이 웃고 계셨다. 마음으로 다 통한다.

나는 또 마음으로 물었다.

'아니 주님, 멜기세덱이 주님이 맞으세요?' 하고 또 물었더니

주님은 다시 나를 보시고 환히 웃고 계셨다.

할렐루야.

그러시면서 왜 멜기세덱이 주님이신지 두 군데의 성경구절들을 생각나게 하셨다.

첫 번째 구절은 멜기세덱은 아비도 어미도 없고 영원히 존재하는 분이라는 성경구절이 생각났다.

[히 7:3]

아비도 없고 어미도 없고 족보도 없고 시작한 날도 없고 생명의 끝도 없어 하나님 아들과 방불하여 항상 제사장으로 있느니라

그러자 주님이 나에게 이렇게 말씀하셨다.

"영원한 분은 나 하나밖에 없느니라."라고 말이다. 할렐루야!

그렇다. 영원하신 분은 주님밖에 없는데 이 멜기세덱이 주님이신 것이다. 할렐루야 아멘.

또 두 번째 성경구절은 성경에서 이 멜기세덱을 보고 평강의 왕이라 했는데 사실 평강의 왕은 예수 그리스도밖에 없음을 또 알게 하여 주셨다.

[히 7:2]

아브라함이 일체 십분의 일을 그에게 나눠주니라 그 이름을 번역한즉 첫째 의의 왕이요 또 살렘 왕이니 곧 평강의 왕이요

[사 9:6]

이는 한 아기가 우리에게 났고 한 아들을 우리에게 주신 바 되었는데 그 어깨에는 정사를 메었고 그 이름은 기묘자라, 모사라, 전능하신 하나님이라, 영존하시는 아버지라, 평강의 왕이라 할 것임이라

또한 주님은 나에게 아브라함에게 나타났던 멜기세덱이 자신이었을 뿐 아니라 또한 아브라함에게 나타났던 천사 세 사람 중 두 명의 천사들은 소돔으로 내려갔고 나머지 한 사람은 남았었는데 그 한 사람이 주님이었으며 또한 다니엘의 세 친구가 풀무불에 던져졌을 때에 그 풀무불속에서 느부갓네살 눈에 네 사람이 걸어 다니는 것이 보였는데 그 세 명 이외에 한 사람이 바로 주님이었다는 것을 알게 하여 주셨다.

할렐루야!

그리고 히브리서 기자는 우리의 듣는 것이 둔하므로 할 말은 많은데 알아듣지 못할까봐 말을 줄인다고 성경에서 말했다.

[히 5:11]

멜기세덱에 관하여는 우리가 할 말이 많으나 너희의 듣는 것이 둔하

므로 해석하기 어려우니라

그렇다. 주님은 아브라함이 만났던 멜기세덱, 또 상수리나무 근처에서 나타난 세 천사 중 한 명인 그 여호와도 또한 풀무불속에 나타난 신의 아들처럼 보인 사람도 다 예수님이셨다는 것을 알게 하여 주신 것이다. 할렐루야.

성경을 보면 확실하다.

[창 18:1-33]
(1)여호와께서 마므레 상수리 수풀 근처에서 아브라함에게 나타나시니라 오정 즈음에 그가 장막 문에 앉았다가 (2)눈을 들어 본즉 사람 셋이 맞은편에 섰는지라 그가 그들을 보자 곧 장막 문에서 달려나가 영접하며 몸을 땅에 굽혀 (3)가로되 내 주여 내가 주께 은혜를 입었사오면 원컨대 종을 떠나지나가지 마옵시고 (4)물을 조금 가져오게 하사 당신들의 발을 씻으시고 나무 아래서 쉬소서 (5)내가 떡을 조금 가져오리니 당신들의 마음을 쾌활케 하신 후에 지나가소서 당신들이 종에게 오셨음이니이다 그들이 가로되 네 말대로 그리하라 (6)아브라함이 급히 장막에 들어가 사라에게 이르러 이르되 속히 고운 가루 세 스아를 가져다가 반죽하여 떡을 만들라 하고 (7)아브라함이 또 짐승 떼에 달려가서 기름지고 좋은 송아지를 취하여 하인에게 주니 그가 급히 요리한지라 (8)아브라함이 뻐터와 우유와 하인이 요리한 송아지를 가져다가 그들의 앞에 진설하고 나무 아래 모셔 서매 그들이 먹으니라 (9)그들이 아브라함에

게 이르되 네 아내 사라가 어디 있느냐 대답하되 장막에 있나이다 (10) 그가 가라사대 기한이 이를 때에 내가 정녕 네게로 돌아오리니 네 아내 사라에게 아들이 있으리라 하시니 사라가 그 뒤 장막 문에서 들었더라 (11)아브라함과 사라가 나이 많아 늙었고 사라의 경수는 끊어졌는지라 (12)사라가 속으로 웃고 이르되 내가 노쇠하였고 내 주인도 늙었으니 내게 어찌 낙이 있으리요 (13)여호와께서 아브라함에게 이르시되 사라가 왜 웃으며 이르기를 내가 늙었거늘 어떻게 아들을 낳으리요 하느냐 (14) 여호와께 능치 못한 일이 있겠느냐 기한이 이를 때에 내가 네게로 돌아오리니 사라에게 아들이 있으리라 (15)사라가 두려워서 승인치 아니하여 가로되 내가 웃지 아니하였나이다 가라사대 아니라 네가 웃었느니라 (16)그 사람들이 거기서 일어나서 소돔으로 향하고 아브라함은 그들을 전송하러 함께 나가니라 (17)여호와께서 가라사대 나의 하려는 것을 아브라함에게 숨기겠느냐 (18)아브라함은 강대한 나라가 되고 천하 만민은 그를 인하여 복을 받게 될 것이 아니냐 (19)내가 그로 그 자식과 권속에게 명하여 여호와의 도를 지켜 의와 공도를 행하게 하려고 그를 택하였나니 이는 나 여호와가 아브라함에게 대하여 말한 일을 이루려 함이니라 (20)여호와께서 또 가라사대 소돔과 고모라에 대한 부르짖음이 크고 그 죄악이 심히 중하니 (21)내가 이제 내려가서 그 모든 행한 것이 과연 내게 들린 부르짖음과 같은지 그렇지 않은지 내가 보고 알려하노라 (22)그 사람들이 거기서 떠나 소돔으로 향하여 가고 아브라함은 여호와 앞에 그대로 섰더니 (23)가까이 나아가 가로되 주께서 의인을 악인과 함께 멸하시려나이까 (24)그 성중에 의인 오십이 있을지라도 주께서 그 곳을 멸하시고 그 오십 의인을 위하여 용서치 아니하시리이까 (25)주께서 이같이 하사 의인을 악인과 함께 죽이심은 불가하오며 의인과 악인을 균등히 하심도 불가하니이다 세상을 심판하시는 이가 공의를 행하실 것이 아니니이까 (26)여호와께서 가라사대 내가 만일 소돔 성중에서 의인 오십을 찾으면 그들을 위하여 온 지경을 용서하리라 (27)아브라함이 말씀하여 가로되 티끌과 같은 나라도 감히 주께 고하나이다 (28)오십 의인 중에 오인이 부족할 것이면 그 오인 부족함을 인하여 온 성을 멸하시리이까 가라사대 내가 거기서 사십 오인을 찾으면 멸하지 아니하리라

......중략......

(32)아브라함이 또 가로되 주는 노하지 마옵소서 내가 이번만 더 말씀하리이다 거기서 십인을 찾으시면 어찌 하시려나이까 가라사대 내가 십인을 인하여도 멸하지 아니하리라 (33)여호와께서 아브라함과 말씀을 마치시고 즉시 가시니 아브라함도 자기 곳으로 돌아갔더라

즉 이 세 사람 중 한 사람이 여호와였던 것이다.

주님은 내가 천국에 올라오면 나를 맞이하면서 여러 번 나에게 '나는 여호와니라.'라고 말씀하셨다. 할렐루야. 주여!

[단 3:18-26]

(18)그리 아니하실지라도 왕이여 우리가 왕의 신들을 섬기지도 아니하고 왕의 세우신 금 신상에게 절하지도 아니할 줄을 아옵소서 (19)느부갓네살이 분이 가득하여 사드락과 메삭과 아벳느고를 향하여 낯빛을 변하고 명하여 이르되 그 풀무를 뜨겁게 하기를 평일보다 칠배나 뜨겁게 하라하고 (20)군대 중 용사 몇 사람을 명하여 사드락과 메삭과 아벳

느고를 결박하여 극렬히 타는 풀무 가운데 던지라 하니 (21)이 사람들을 고의와 속옷과 겉옷과 별다른 옷을 입은 채 결박하여 극렬히 타는 풀무 가운데 던질 때에 (22)왕의 명령이 엄하고 풀무가 심히 뜨거우므로 불꽃이 사드락과 메삭과 아벳느고를 붙든 사람을 태워 죽였고 (23)이 세 사람 사드락과 메삭과 아벳느고는 결박된 채 극렬히 타는 풀무 가운데 떨어졌더라 (24)때에 느부갓네살 왕이 놀라 급히 일어나서 모사들에게 물어 가로되 우리가 결박하여 불 가운데 던진 자는 세 사람이 아니었느냐 그들이 왕에게 대답하여 가로되 왕이여 옳소이다 (25)왕이 또 말하여 가로되 내가 보니 결박되지 아니한 네 사람이 불 가운데로 다니는데 상하지도 아니하였고 그 네째의 모양은 신들의 아들과 같도다 하고 (26)느부갓네살이 극렬히 타는 풀무 아구 가까이 가서 불러 가로되 지극히 높으신 하나님의 종 사드락, 메삭, 아벳느고야 나와서 이리로 오라 하매 사드락과 메삭과 아벳느고가 불 가운데서 나온지라

즉 느부갓네살 왕이 풀무불 가운데에 아벳느고 사드락 메삭 외에 신의 아들 같은 형상을 본 것이다. 주님이 내게 알게 하시기를 이 모두가 예수님이었다는 것이다. 할렐루야.

그리고 나서 분명히 나는 그 테이블에 앉아 있었는데 이제는 내 시야에는 주님의 얼굴만 크게 보이시면서 '멜기세덱이 나였다.' 하시면서 환희 웃으시면서 그분의 얼굴이 사라져갔다.

그리고서는 나는 내려와야 했다.

할렐루야.

[히 6:20-7:4]

(20)그리로 앞서 가신 예수께서 멜기세덱의 반차를 좇아 영원히 대제사장이 되어 우리를 위하여 들어 가셨느니라 (1)이 멜기세덱은 살렘 왕이요 지극히 높으신 하나님의 제사장이라 여러 임금을 쳐서 죽이고 돌아오는 아브라함을 만나 복을 빈 자라 (2)아브라함이 일체 십분의 일을 그에게 나눠주니라 그 이름을 번역한즉 첫째 의의 왕이요 또 살렘 왕이니 곧 평강의 왕이요 (3)아비도 없고 어미도 없고 족보도 없고 시작한 날도 없고 생명의 끝도 없어 하나님 아들과 방불하여 항상 제사장으로 있느니라 (4)이 사람의 어떻게 높은 것을 생각하라 조상 아브라함이 노략물 중 좋은 것으로 십분의 일을 저에게 주었느니라

멜기세덱은 하늘에서 영원히 존재하는 제사장이신데 그분이 인간으로 오신 분, 바로 하나님의 아들 예수 그리스도이신 것이다.

즉 그분이 그분이신 것이다. 할렐루야!

그래서 예수님이 멜기세덱의 반차를 따라 우리를 위하여 영원히 대제사장이 되어 주셨다.

오늘 나에게 멜기세덱에 대하여 말씀하여 주신 주님을 찬양합니다.

16

천국과 지옥 간증 수기, 성경편 제 1권과 제 2권에 들어갈 내용을 말씀해 주시다.

2014. 8. 1

천국에 올라가기 위하여 수레가 왔는데 바깥에서 나를 수호하는 천사가 말했다.

"주님이 기다리고 계십니다."

나는 재빠르게 수레에 올라탔다. 수레가 천국대문 앞에 이르자 천국대문 앞에 있는 두 천사가 '사라님 오셨다.'하면서 천국대문을 양 옆으로 활짝 열었다.

나를 태운 수레가 천국의 황금대로 옆 왼쪽에 도착하여 내가 수레에서 내리자마자 주님이 바로 수레바깥에서 나를 맞아 주셨다.

대개는 황금대로 우편에서 기다리고 계시는데 오늘은 마차 바로 바깥에서 나를 맞아주신 것이다.

그리고서는 곧바로 주님과 나는 천국에 있는 내 집 정원에 와 있었다. 내 집 대문을 들어서면 정원이 있는데 거기에는 큰 연못이 있다.

그리고 내 집 황금대문을 들어서면 이 연못이 바로 보이는데 이곳에서부터 내 집 현관문까지 그 큰 연못을 가로질러 아름다운 구름다리가 놓여 있는 것이다.

주님과 나는 그 구름다리 위를 미끄러지듯 걸어갔다.

우리는 지상에서 걸어서 간다고 생각하는데 천국에서는 걸어서 가는 것인지 미끄러져 가는 것인지 잘 구분이 안 간다. 그만큼 쉽게 힘들지 않고 경쾌하게 걸어가는 것이다. 때로는 하늘을 날아서 가기도 한다.

주님과 내가 그 아름다운 구름다리를 건너고 있을 때 구름다리 아래로 잉어들이 뛰어 올랐다. 푸른색 잉어와 회색잉어가 같이 뛰어 오르고 주황색이 있는 은빛 나는 잉어와 분홍색 잉어 노란색 잉어들이 높이 뛰어 오르며 나를 반가워했다.

주님이 나의 왼편에서 서서 가시는데 왼편에서 잉어가 한 마리 올라와 그 입에서 보석돌을 하나 꺼내 내 손에 놓아 주었다.

할렐루야!

주님과 내가 그 구름다리를 다 건넜을 때에 우리의 왼편쪽의 정원에는 생명수를 나르는 시내가 흐르고 있었다. 또한 그 옆쪽으로는 눈물이 보석이 되어 담겨져 있는 분홍색의 눈물병이 진한 녹색 잎들 속에 놓여 있어서 마치 꽃처럼 보였다.

연못이 커지는 바람에 (서사라 목사의 천국과 지옥 간증 수기 성경편, 제 2권인 모세편에서 내 집의 연못이 왜 그렇게 커졌는가에 대하여 자세히 나온다.) 정원의 배열상태가 바뀌어 보였다.

우리가 나의 황금대문을 거쳐서 연못을 거쳐 들어가면 나의 오른편으로는 노란 꽃들이 엄청 피어 있었다. 내가 이 아름다운 노란 꽃들을 쳐다볼 때에 나에게 어떤 생각이 들었냐면 아직은 밝힐 상태가 아닌데 혹 여기서부터 내가 항상 가는 꽃밭 그 정원이 연결된 것이 아닌가 하는 생각이 불쑥 들어왔다.

즉 주님과 내가 늘 가는 그 정원 말이다. 주님과 내가 늘 가는 그 벤치가 있는 정원말이다 (나중에서야 알게 되었는데 주님이 이 벤치가 있는 정원을 너에게 주노라 하셨는데 결국 내가 나의 대문쪽에서 바라보았을 때에 나의 오른편 우리 집 정원과 그 벤치가 있는 정원이 연결되어 있는 것을 알게 되었다. 그러므로 천국에서 불쑥불쑥 들어오는 생각을 결코 무시할 수 없는 것이 그 생각 즉 알아지는 것 그것이 사실은 사실이라는 것이다. 할렐루야)

그러나 이때에는 내게 아직 보이거나 하지 않았음으로 내가 앞으로 이것을 발굴해야 할 것으로만 여겨졌다. 할렐루야!

주님과 내가 나의 집 현관 문 쪽으로 왔을 때에 집을 관리하는 천사들 네 명이 우리에게 인사를 한다. 이들은 다 날개가 있는 천사들이다. 주님과 나는 현관문을 통하여 안으로 들어갔다.

모세가 어느새 우리 집에 와 있었다.

나는 왜 모세가 여기 와 있는지 궁금하였다. 아니 솔직히 나는 내 집에서 모세를 보리라고는 생각지 못했다. 왜냐하면 모세는 성경편 제 2권을 쓸 때에 나를 많이 애를 먹였었기 때문이다. 나와 대화도 잘 열리지 아니하였다. 결국에는 잘 열리게 되었지만 말이다.

그랬더니 주님이 말씀하신다.

'내가 오라 했다.'

그래서 모세가 주님의 오른편으로 앉았는데 주님과 모세는 저편에 나는 이편 테이블에 앉았다.

주님이 앉는 의자는 완전 황금으로 예쁘게 장식된 아름다운 의자였고 주님이 앉으시는 의자는 그 키가 더 컸다. 그리고 모세가 앉는 자리도 황금으로 된 의자였다.

그런데 나에게 알아지는 것이 저 편으로 내 집이 훨씬 더 넓어져 있다는 사실을 알았다. 이전에는 보이지 않았는데 우리가 있는 방 저 편으로 아주 넓은 리빙룸 같은 방들이 있는 것이 보였다.

아니 내 집이 어느 새 이렇게 새로운 궁과 같이 넓어졌지?

나에게는 의아함이 생겼다. 어찌 이런 일이?

이전보다 내 집이 훨씬 넓어지고 커진 것이다. 이층으로 올라가는 계단도 생겼다. 아니 왜 이렇게 집이 커졌지? 하고 생각하니 그 대답으로 그냥 알아지는 것이 아하 내가 주님께 순종하여 천국지옥 간증 제 1집을 발간하였더니 그 상으로 집이 궁전같이 변한 것이구나! 그렇게 알아졌다. 할렐루야!

주님의 뜻에 순종하는 자에게 상주시는 하나님을 찬양합니다!

[히11:6]

믿음이 없이는 기쁘시게 못하나니 하나님께 나아가는 자는 반드시 그가 계신 것과 또한 그가 자기를 찾는 자들에게 상 주시는 이심을 믿어야 할지니라

모세는 나에게 황금지팡이를 주면서 내가 날마다 이것을 가지고 다녀야 한다고 했다. 나에게 주어진 사명을 다하기까지... 할렐루야!

나는 내가 입은 드레스 그리고 머리에는 다이아몬드로 만들어진 면류관을 쓰고 있었는데 이 옷차림에 그 황금지팡이가 조금 안 어울린다 생각을 하였다. 그러나 나에게 주어진 사명을 다하기까지 가지고 있으라 하니 가지고 있어야 했다.

그런데 사실은 이 지팡이는 내가 지상으로 가지고 내려오는 것이 아니라 늘 내가 천국에 올라가면 모세가 나타나서 자신이 그 지팡이를 내게 건네준다. 사명을 감당하라고 하는 것을 생각나게 하면서 말이다. 그리고 내 집 거실 우리가 앉아 있는 테이블위에 분홍색의 다섯 권의 책이 갑자기 놓여졌다.

그리고 주님이 말씀하신다.

"모세의 파트는 모세와 이야기한 것만 써야 한다"고 말씀하셨다.

즉 이 다섯 권의 책 중에서 제 2권 책이 모세와 함께 만들어져야 하는 책인 것을 알게 하여 주셨다.

그래서 나는 주님께 물었다.

"주님, 그러면 첫 번째 책은요?"

하고 물었더니 주님이 알게 하여 주신다.

제 1권 책은 창세기의 요셉, 야곱, 아담과 하와 그리고 아브라함과 이삭 이 부위를 제 1권으로 하라고 하신다. 즉 천국에서 주님께서 이들을 만나서 대화하여 알게 된 것들을 쓰라고 하시는 것이었다.

아하, 할렐루야. 그렇구나! 제 1권 책은 바로 창세기 부분을 쓰라고 하시는 것이었다. 그리고 제 2권 책은 모세와 대화한 내용만 들어가게 해야 한다는 것이었다. 할렐루야!

책 내용을 알게 하시는 하나님을 찬양합니다. 할렐루야!

그러면 이제 나는 창세기에서 아브라함과 이삭부위를 봐야할 차례인데 하고 생각을 하고 있는데 벌써 아브라함, 이삭, 사라가 내 집 안의 저쪽에 나타났다.

그래서 우리는 내 집이 이전보다 훨씬 넓혀졌으므로 저쪽에 넓은 리빙룸 같은 곳으로 옮겨서 거기에 둥근 테이블을 두고 저쪽에 주님, 그 오른편에 모세 그리고 왼편에 아브라함, 이삭, 사라가 앉고 이편 쪽에는 내가 앉았다.

나는 그들에게 이렇게 물었다.

"어떻게 하여 아브라함과 사라가 나이가 그렇게 많이 들었는데도 임신을 하여 이삭을 낳을 수 있었냐고?"

그 질문에 주님이 내게 알게 하시는 것은 사가랴와 엘리사벳도 임신하지 못한다하였는데 임신을 한 것을 생각나게 하여 주셨다.

[눅 1:13]
천사가 일러 가로되 사가랴여 무서워 말라 너의 간구함이 들린지라 네 아내 엘리사벳이 네게 아들을 낳아 주리니 그 이름을 요한이라 하라

[눅 1:18]

사가랴가 천사에게 이르되 내가 이것을 어떻게 알리요 내가 늙고 아내도 나이 많으니이다

[눅 1:19]

천사가 대답하여 가로되 나는 하나님 앞에 섰는 가브리엘이라 이 좋은 소식을 전하여 네게 말하라고 보내심을 입었노라

[롬 4:18-22]

(18)아브라함이 바랄 수 없는 중에 바라고 믿었으니 이는 네 후손이 이같으리라 하신 말씀대로 많은 민족의 조상이 되게 하려 하심을 인함이라 (19)그가 백세나 되어 자기 몸의 죽은 것 같음과 사라의 태의 죽은 것 같음을 알고도 믿음이 약하여지지 아니하고 (20)믿음이 없어 하나님의 약속을 의심치 않고 믿음에 견고하여져서 하나님께 영광을 돌리며 (21)약속하신 그것을 또한 능히 이루실 줄을 확신하였으니 (22)그러므로 이것을 저에게 의로 여기셨느니라

즉 천사 가브리엘이 사가랴에게 나타나서 '네 아내에게 아들이 있으리라' 하였을 때에 정말 그대로 1년 후에 정확히 세례 요한이 태어난 사건이 바로 아브라함과 사라의 경우에 나이가 많이 들었으나 하나님의 말씀대로 이삭이 정확히 1년 후에 태어난 사건과 그 되어진 모든 것이 사실은 동일한 역사로 일어난 것임을 알게 하여 주신다. 할렐루야.

즉 그들의 나이가 매우 많았으나 하나님의 역사로 사라와 엘리사벳의 난소의 난자 하나가 나팔관으로 나오게 하여서 남자의 정자가 들어가 수정되어 한 아이가 만들어졌음을 알게 하신 것이다.

사라나 엘리사벳이 더 이상 난소에서 난자가 나팔관으로 나오지 않는 나이인데 하나님이 그 난자를 난소에서 나팔관으로 나오게 하셨다는 것이다. 할렐루야!

그리고 사가랴와 아브라함에게서 나온 정자가 이 난자를 만나서 아이를 잉태케 한 것이다. 이 정자와 난자는 하나님께서 미리 알고 있는 난자와 정자였을 것이다. 하나님은 전지하시니까 말이다.

그런데 이러한 수태는 분명히 예수님이 태어난 역사와는 다른 것이다. 즉 예수님은 정자없이 성령으로 잉태하신 것이고 아브라함과 사라 그리고 사가랴와 엘리사벳은 정상적인 정자와 난자가 만나서 아들을 낳았다. 할렐루야.

하나님이 잠시 그들의 난자와 정자를 젊은이의 그것들과 같이 만들어 아들들을 탄생케 하신 것이다. 할렐루야.

그러므로 정말 하나님의 말씀은 대저 이루어지지 아니함이 없는 것이다.

[눅 1:37]
대저 하나님의 모든 말씀은 능치 못하심이 없느니라

할렐루야!

17

하나님의 전지하심이
어느 정도인지 알게 하시다.

2014. 8. 2

천국에 올라갔다.

수레 안에서부터 내게 아이가 안겨졌다.

내 아이다. 수레 안에 반대편에 아이를 보는 보모가 앉았다.

수레는 천국 안에 도착하였고 주님이 벌써 이편에 마중 나오셨다.

나와 아이 그리고 보모는 수레에서 내렸다.

주님이 말씀하신다.

"아이랑 더 있고 싶지?"

'네'

그러자 황금대로 우리 앞에 흰 자동차 같은 것이 대령되었다. 그 자동차는 그냥 굴러갔는데 뚜껑이 없으며 마차도 자동차도 아닌 운전석 자리에 내가 앉았으나 핸들도 없이 그냥 굴러가는 차였다. 아마 가스도 전기도 필요 없는 차였다.

내가 아이를 안고 앞좌석에 앉았고 내 옆에 주님이 앉으셨다.

내 뒤로는 보모가 앉았으나 없는 것처럼 느껴졌다.

오직 나, 내 아이 그리고 주님만 있는 것 같았다.

한참을 그렇게 자동차를 타고 갔는데 양옆으로 꽃이 있는 정원으로 왔다. 정원 중간정도에서 보모와 아이가 내려서 갔고 그리고 주님과 나도 그 자동차에서 내려서 같이 걸었다.

주님과 나는 정원의 벤치 있는 곳으로 왔다.

그런데 벤치 저쪽으로 머리가 까맣고 구불구불하며 머리가 길고 눈이 큰 야윈 듯한 얼굴의 독특한 미모의 여인이 우리를 바라보고 있었다. 너무나 또렷하게 보이는 미모에다가 참으로 야윈 모습이지만 참으로 독특하게 예쁘다라는 생각이 드는 여인이었다.

그리고 남자들이 한 눈에 반할 수 있는 미모였다. 어느 누구나 한 번은 저 여자를 가져 보았으면 할 정도로 말이다. 그런데 어찌 천국에서 내게 이런 불순한 생각이 드는지 참으로 이상했다.

그런데 그러한 생각은 나중에 알게 되었는데 그 여인은 성경에 나오는 여인으로 누구나 그 여인을 보면 탐이 난 것으로 되어있는 여인이었다. 그래서 내게 천국에서도 이러한 생각이 들어온 것이다. 그 여인임을 나에게 가르쳐 주기 위하여. 할렐루야.

처음에는 그 여인이 누구인지 알지 못했다.

그런데 조금 있다가 차츰 알게 되었는데 아브라함의 부인 사라였다. 그가 사라인 것이 내게 알아지자 사라는 내 옆으로 와서 앉아서 내 손을 잡았다. 나는 벤치에 주님과 함께 앉아 있었는데 사라가 내 손을 잡아줄 때에 나는 조금 감격하여 주님께 말했다.

"주님 사라가 내 손을 잡았어요."

감격한 이유는 내 이름도 사라이기 때문이다.

사라라고 하는 것은 열국의 어미라는 말이다.

사라가 엄청난 일을 해서 열국의 어미가 된 것이 아니라 사라를 통하여 약속의 아들 이삭이 나와 그 후손이 하늘의 별과 같이 많아졌으므로 열국의 어미가 된 것이다. 할렐루야.

그리고 조금 있으니 아브라함이 나타났다. 아브라함도 미남이다.

그는 갈색이 조금 있는 거의 노란 머리를 하고 있었다.

그리고 이삭이 나타났다. 이삭도 미남이다.

이삭은 아브라함과 사라를 다 조금씩 닮은 것 같았다.

우리 모두는 아브라함의 집으로 가는 것에 동의가 되어졌다.

아브라함의 집은 흰색의 큰 건물로 집 바깥의 마당의 바닥은 청동색으로 되어 있었다.

건물 안에 들어서서 우리 모두는 리빙룸에 원탁모양의 테이블에 앉았다. 주님이 저쪽 중앙에 그 오른편에 사라, 왼편에 아브라함과 이삭 그리고 이쪽 편에 내가 앉았다.

오늘따라 주님은 흰옷에 붉은빛이 나는 휘장을 두르고 계셨다.

우리 테이블에는 먹을 것이 놓여졌다.

과일인데 그 과일은 꼭 배 같은 과일이었다. 배를 껍질 벗겨서 씨 있는 가운데 부위를 다 도려내고 그 나머지를 물에 푹 잠가 놓았다가 들어낸 것 같은 과일이다. 나를 빼고는 모두 다 그 과일을 즐거이 먹었다. 나는 그들에게 질문할 생각에 먹는 것도 잊고 있었다.

그래서 나는 빨리 성경의 내용을 묻고 싶어서 과일 먹는 것도 잊고 성경을 펴고 앉아 있었다.

주님이 말씀하신다.

"사라야 좀 먹고 해라."

이 말씀에 아브라함과 이삭, 그리고 사라가 웃었다. 그래서 나는 성경책 옆에 놓여 있는 물에 절인 것 같은 배를 먹었다. 그것은 맛있었다.

나는 성경에서 하나님께서 아브라함에게 가나안 땅을 주겠노라고 약속하시는 부위를 보고 있었다.

여기서 아브라함이 하나님께 물었다.

'그 약속이 이루어질지 제가 어떻게 알겠습니까?' 하고 묻는 부위였다. 그랬더니 하나님께서는 아브라함에게 삼 년 된 암양과 암소 삼 년 된 수양과 산비둘기와 집비둘기 새끼를 준비하여 그 중간을 쪼개라고 말씀하셔서서 쪼개어 서로 마주보게 하였는데 저녁때쯤 캄캄한 데서 하나님의 말씀이 임하면서 타는 횃불이 쪼갠 고기사이로 지나는 것을 본 것이다.

그 약속의 말씀은 바로 이러한 것이었다.

즉 아브라함의 후손이 이방에 객이 되어서 사대만에 가나안땅으로 돌아올 것이고 가나안땅의 아모리 족속의 죄가 관영할 때 내가 그들을 쳐서 몰아내고 아브라함의 후손이 이 땅을 차지하게 될 것을 약속하신 것이다.

그리고 하나님께서는 아브라함의 후손이 그 종살이하던 나라에서 나올 때 많은 재물을 가지고 나올 것을 약속하여 주셨다.

[창 15:3-17]

(3)아브람이 또 가로되 주께서 내게 씨를 아니주셨으니 내 집에서 길리운 자가 나의 후사가 될 것이니이다 (4)여호와의 말씀이 그에게 임하여 가라사대 그 사람은 너의 후사가 아니라 네 몸에서 날 자가 네 후사가 되리라 하시고 (5)그를 이끌고 밖으로 나가 가라사대 하늘을 우러러 뭇별을 셀 수 있나 보라 또 그에게 이르시되 네 자손이 이와 같으리라 (6)아브람이 여호와를 믿으니 여호와께서 이를 그의 의로 여기시고 (7)또 그에게 이르시되 나는 이 땅을 네게 주어 업을 삼게 하려고 너를 갈대아 우르에서 이끌어낸 여호와로라 (8)그가 가로되 주 여호와여 내가 이 땅으로 업을 삼을 줄을 무엇으로 알리이까 (9)여호와께서 그에게 이르시되 나를 위하여 삼년 된 암소와 삼년된 암염소와 삼년 된 수양과 산비둘기와 집비둘기 새끼를 취할지니라 (10)아브람이 그 모든 것을 취하여 그 중간을 쪼개고 그 쪼갠 것을 마주 대하여 놓고 그 새는 쪼개지 아니하였으며 (11)솔개가 그 사체 위에 내릴 때에는 아브람이 쫓았더라 (12)해질 때에 아브람이 깊이 잠든 중에 캄캄함이 임하므로 심히 두려워하더니 (13)여호와께서 아브람에게 이르시되 너는 정녕히 알라 네 자손이 이방에서 객이 되어 그들을 섬기겠고 그들은 사백년 동안 네 자손을 괴롭게 하리니 (14)그 섬기는 나라를 내가 징치할지며 그 후에 네 자손이 큰 재물을 이끌고 나오리라 (15)너는 장수하다가 평안히 조상에게로

돌아가 장사될 것이요 (16)네 자손은 사대만에 이 땅으로 돌아 오리니 이는 아모리 족속의 죄악이 아직 관영치 아니함이니라 하시더니 (17)해 가 져서 어둘 때에 연기 나는 풀무가 보이며 타는 횃불이 쪼갠 고기 사 이로 지나더라

여기서 보면 하나님은 아브라함의 후손이 애굽에서 종살이 할 것 을 미리 알고 계셨고 또한 그 나라가 애굽이라는 사실도 이미 알고 계셨다는 것이다.

그리고 아브라함의 후손이 그 나라를 나올 때에 재물을 가지고 나 올 것이라는 예언은 하나님께서는 이미 모세가 이스라엘 민족을 애 굽에서 해방시킬 때에 하나님께서 애굽의 바로의 장자부터 시작하 여 동물의 첫 새끼까지 다 죽인 후에야 그 애굽인들이 아브라함의 후 손들에게 재물을 주면서까지 제발 여기를 떠나 달라고 할 것이라는 것을 이미 알고 계셨다는 것이다. 할렐루야.

즉 이 말은 하나님께서는 이 아브라함 때부터 애굽에 10가지 재앙 과 홍해의 기적을 일으켜서 그들을 해방시키실 것을 미리 다 알고 계 셨다는 것이다. 주여!

아브라함이 이 말을 하나님으로부터 들은 때와 모세가 실제로 이 스라엘 민족을 이끌고 애굽을 나올 때의 그 기간의 차이는 약 600년 간의 차이가 있었다. (아브라함, 이삭, 야곱, 요셉, 그리고 요셉이 죽 은 후 430년간의 노예생활 다 합하여)

즉 하나님은 600년 이후에 일어날 일을 하나도 빠짐없이 정확히 알고 계셨다는 것이고 또 그것을 정확히 계획하고 계셨다는 것을 알

수 있는 것이다. 할렐루야.

그러면 이러한 주님은 우리의 고작 100년밖에 안 되는 우리의 인생을 모르고 계실까 하는 것이다. 그분은 다 알고 계시고 또한 계획하고 계실 것이라는 것이다.

하나님의 미리 아심, 그 전지하심이 참으로 놀랍다.

또한 이 이야기는 아브라함의 아들 이삭에게서 에서와 야곱이 나와서 야곱의 아들 중에 요셉이라 이름하는 자가 태어나서 이 요셉이 형들의 시기에 의하여 애굽의 시위대장 보디발의 집에 종으로 팔려가게 되었고 결국 그 요셉은 애굽에서 국무총리가 되어 가나안에 있는 그의 아비 가족 70인을 애굽의 고센지역에 정착하게 하여서 살게 하였고 그리고 요셉이 죽은 후에 그 이스라엘 민족은 애굽에서 애굽인들의 종살이로 430년간 보내면서 그들의 인구가 하늘의 별과 같이 많게 될 것을 하나님은 이미 알고 계셨고 계획하고 계셨다는 것을 의미한다. 주여!

그런데 하나님께서 아브라함에게 이렇게 약속의 말씀을 주실 때에 요셉은 아브라함의 허리에 있었다. 왜냐하면 그의 배다른 형제 레위도 아브라함의 허리에 있었기 때문이다. 할렐루야.

[히 7:10]
이는 멜기세덱이 아브라함을 만날 때에 레위는 아직 자기 조상의 허리에 있었음이니라

아 정말 우리가 믿는 하나님은 도대체 어디까지 알고 계시고 어디까지 계획하고 계시는 것일까?

그의 지식은 참으로 무한하신 것 같다.

여기에 대하여 다윗이 조금 깨닫고 이렇게 기록하였다.

시편 139편 16절에 이렇게 말한다.

[시 139:16]

내 형질이 이루기 전에 주의 눈이 보셨으며 나를 위하여 정한 날이 하나도 되기 전에 주의 책에 다 기록이 되었나이다

즉 한 사람에 대한 기록이 태어나서 한 날도 보내기 전에 하나님의 책에 다 기록이 되어 있다는 것이다. 그런데 위를 보면 거의 600년 이후의 일을 하나님은 정확히 알고 계시고 또 계획하고 계심을 알 수 있는 것이다. 그분의 전지하심은 참으로 놀랍고 놀랍다.

도대체 하나님은 어디까지 알고 계시는 것일까?

여기에 대하여 성경에 있는 한 구절이 우리에게 힌트를 준다.

그것은 에베소서에 있는 구절이다.

[엡 1:3-5]

(3)찬송하리로다 하나님 곧 우리 주 예수 그리스도의 아버지께서

그리스도 안에서 하늘에 속한 모든 신령한 복으로 우리에게 복 주시되 (4)곧 창세 전에 그리스도 안에서 우리를 택하사 우리로 사랑 안에서

그 앞에 거룩하고 흠이 없게 하시려고 (5)그 기쁘신 뜻대로 우리를 예정하사 예수 그리스도로 말미암아 자기의 아들들이 되게 하셨으니

즉 하나님께서 우리를 알고 계심이 아니 그분의 미리 아심이 우리가 태어나기 전부터 아니 창세전부터 우리를 알고 계신다는 말이다. 오, 하나님의 전지하심이여!

그의 무한한 지식을 어떻게 우리가 측량할 수 있을 것인가?

18

우리는 이삭처럼 태어났고 또 이삭처럼 살아야 함을 말씀하시다.

2014. 8. 2

이삭이 태어나게 하기 위해 하나님께서는 죽은 것 같은 아브라함과 경수가 끊어진지 오래된 사라에게서 건강한 정자와 난자가 만나게 하므로 그들의 아들 이삭을 노년에 태어나게 하셨다. 그것은 하나님의 말씀의 성취였다.

하나님께서는 우리도 이렇게 특별히 하나님이 지정하신 한 정자와 한 난자가 만나서 우리가 태어났음을 알게 하신다. 즉 우리도 하나님의 기적으로 태어난 것이다.

하나님의 계획 속에서 말이다.

그 수많은 정자중 하나님이 특별히 지정하신 하나가 그 많은 난자중 하나님이 특별히 지정하신 하나를 만나서 바로 내가 태어난 것을 알게 하여 주신다. 이것은 바로 이삭이 태어날 때에도 그렇게 기적적으로 태어난 것과 우리가 그렇게 기적적으로 태어난 것과 동일함을 알게 하여 주신다.

하나님의 기적의 손으로 한 정자와 한 난자를 만나게 한 것이다.

할렐루야.

그러므로 우리가 태어난 것도 기적이라는 사실을 알게 하여 주신다. 내가 태어난 것은 하나님의 솜씨인 것이다. 할렐루야!

그러므로 하나님은 우리 모두가 다 이삭인 것을 알게 하여 주신다. 아멘!

그러면 또한 우리가 만일 이삭처럼 하나님의 손의 기적으로 태어났다면 우리도 이삭처럼 하나님 앞에 살아드려야 한다는 것을 깨닫게 하여 주신다. 할렐루야!

이삭은 자신을 어린 나이에 모든 것을 다 바치는 즉 생명을 바치는 번제단에 자신을 올려놓은 것처럼 하나님은 내가 너희를 기적적으로 그렇게 만들었으니 너희도 이삭처럼 번제단에 자신을 올려놓아서 하나님께 번제로 바쳐져야 함을 알게 하여 주신다. 할렐루야!

이삭은 번제단에서 자신을 올려놓아서 하나님 앞에서 그 육체는 죽었고 다시 부활한 것이었다. 즉 새로운 생명으로 살게 되었던 것이다.

[갈 5:24]
그리스도 예수의 사람들은 육체와 함께 그 정과 욕심을 십자가에 못 박았느니라

정말 이삭은 이전의 그는 죽고 새로운 자신으로 살아가게 되었던 것이다.

[고후 5:17]

그런즉 누구든지 그리스도 안에 있으면 새로운 피조물이라 이전 것은 지나갔으니 보라 새것이 되었도다

주님은 우리가 이런 삶을 살기를 원하시는 것이다. 우리에게 인생을 주시고 그 인생을 다 하나님께 바치기를 원하시고 그리고 그 다음에는 하나님이 원하시는 삶을 살기를 원하시는 것이다.

그러므로 이삭은 어디를 가나 양보하는 자로 살았다. 네가 우하면 나는 좌하리라 하는 심령으로 말이다. 그리고 그는 결코 하나님보다 앞서나가지 아니하였다. 모든 것을 하나님께 맡긴 자로 살았던 것이다. 왜냐하면 그는 이미 자신의 목숨을 하나님께 드렸기 때문이다. 할렐루야.

그것은 하나님이 주시는 아내를 기다리는 장면에서 나타난다.

그는 자신이 구하지 아니하였다. 하나님이 주시는 자를 아내로 삼았다. 할렐루야.

[창 24:63-67]

(63)이삭이 저물 때에 들에 나가 묵상하다가 눈을 들어 보매 약대들이 오더라 (64)리브가가 눈을 들어 이삭을 바라보고 약대에서 내려 (65)종

에게 말하되 들에서 배회하다가 우리에게로 마주 오는 자가 누구뇨 종이 가로되 이는 내 주인이니이다 리브가가 면박을 취하여 스스로 가리우더라 (66)종이 그 행한 일을 다 이삭에게 고하매 (67)이삭이 리브가를 인도하여 모친 사라의 장막으로 들이고 그를 취하여 아내를 삼고 사랑하였으니 이삭이 모친 상사 후에 위로를 얻었더라

할렐루야. 주님 우리 모두가 이삭이 되게 하여 주시옵소서!

19

사라가 나에게 '대저 여호와의 말씀은 이루어지지 아니하는 것이 없도다.'라는 말씀을 가져가기를 원했다.

2014. 8. 4

천국에 올라가는 수레 안에서 벌써 나는 눈물을 많이 흘리고 있었다. 주님이 너무 보고 싶었기 때문이다.

수레에서 내리면서 나는 주님이 내가 흘린 눈물을 많이 보지 않기를 원했다. 그러나 주님은 이 모든 것을 다 아신다.

주님은 구름을 타지 않고 그냥 나를 데리고 곧 날아서 내 집의 연못의 구름다리 위로 살짝 내려 앉으셨다.

그리고 그 연못의 구름다리를 걸어서 주님과 나는 오른편 정원으로 들어섰다.

그곳에는 노란 꽃들이 만발하여 있는 정원인데 그 속으로 길이 하나 나 있었다. 분명 이 길은 이전에는 안 보였는데 지금 보인다.

이것은 내가 설명하기 불가능하다.

금방 생겨난 것인가? 왜냐하면 천국은 그런 곳이기 때문이다.

필요하면 금방 생겨난다.

아니면 이전부터 있었는데 내가 못 본 것인지...

후자인 것 같지는 않다. 왜냐하면 나는 내 집에 여러 번 와 보았으므로 내 기억에는 이 길이 없었다. 그러면 맞다. 새로 생긴 길이다.

어쨌든 주님과 나는 그 길을 걸어서 어디에 도착했느냐면 늘 주님과 내가 갔던 그 정원의 벤치였다.

와우! 아니 그러면 내 집의 오른편 정원이 내게 주시겠다고 한 꽃밭 그렇게 넓은 꽃밭으로 연결되고 있다는 말인가?

아니 그렇다. 그리고 정말 놀랍다.

오늘 주님이 내게 그것을 알게 하여 주신 것이다. 즉 나에게 넓은 꽃밭을 주시겠다고 하셨는데 이 꽃밭이 천국의 내 집 오른편 정원과 연결이 되고 또 이 꽃밭은 주님과 내가 늘 가는 그 벤치와 연결되며 그 벤치에서 나의 집 반대방향으로 향하면 결국 그 길은 유리바다로 연결되고 또 그 모래사장에 주님과 내가 또 늘 가는 벤치가 있는 것이다. 오 마이 갓!

결국 내 집은 지금 넓은 꽃밭을 거쳐서 유리바다로 연결되고 있는 것을 알게 하셨다. 할렐루야! 주여!

나는 놀랍기도 하고 어찌하였든 주님께 마음으로 감사와 또 감사를 드렸다. 할렐루야!

주님과 나는 내 집에서부터 새로 난 길을 걸어서 늘 오는 정원의 벤치에 앉았다. 어제도 나는 사라를 여기서 보았지만 사라가 또 나타났다.

그녀의 까만 긴 머리가 곱실 거리면서 참으로 예쁘다.

그리고 곧 아브라함과 이삭이 도착했다.

주님과 나 그리고 아브라함, 사라, 이삭 모두가 아브라함의 집으로 갔다. 그리고는 넓은 리빙룸에 원탁 테이블에 모두 앉았다.

주님이 저편에 앉으시고 그 오른편에 사라 왼편에 아브라함과 이삭이 차례로 앉고 그 다음 내가 이편에 앉았다.

수종하는 천사가 사과를 가져왔다.

우리 모두는 사과를 맛있게 먹었다. 칼도 없는데 그냥 잘라졌다.

나는 아브라함과 사라가 늙어서 이삭을 낳은 것을 생각했다.

그러면서 정말 나는 성경에서 말한대로 '대저 여호와의 말씀은 이루어지지 아니하는 것이 없으며 말씀하신 그대로 이루어진 것'이라 했다. 그랬더니 사라가 갑자기 두 손으로 손뼉을 짝 치면서 사라가 오늘 이 말씀을 가져가야 된다고 했다. 할렐루야!

사라는 처음에 하나님의 말씀을 믿지 못하여 웃었다. 즉 그들에게 내년 이맘때에 아들이 있을 것이라 하였을 때에 사라가 이 말을 듣고 장막 뒤에서 웃었다고 성경은 기록한다. 그런데 정확히 1년 후에 사라가 이삭을 낳았다.

자기가 처음에는 그 말씀에 웃어서 그런지 사라는 오늘 특별히 그렇게 내가 한 말, 이삭의 탄생에 대하여, 대저 여호와의 말씀은 이루어지지 아니한 것이 없다 하였는데 그 말씀이 이루어졌다고 했더니 자신이 맞다면서 그렇게 손뼉까지 치면서 나에게 그 말씀을 가져가라한 것이다. 할렐루야.

[창 18:1-14]

(1)여호와께서 마므레 상수리 수풀 근처에서 아브라함에게 나타나시니라 오정 즈음에 그가 장막 문에 앉았다가 (2)눈을 들어 본즉 사람 셋이 맞은편에 섰는지라 그가 그들을 보자 곧 장막 문에서 달려나가 영접하며 몸을 땅에 굽혀 (3)가로되 내 주여 내가 주께 은혜를 입었사오면 원컨대 종을 떠나지나가지 마옵시고 (4)물을 조금 가져오게 하사 당신들의 발을 씻으시고 나무 아래서 쉬소서 (5)내가 떡을 조금 가져오리니 당신들의 마음을 쾌활케 하신 후에 지나가소서 당신들이 종에게 오셨음이니이다 그들이 가로되 네 말대로 그리하라 (6)아브라함이 급히 장막에 들어가 사라에게 이르러 이르되 속히 고운 가루 세 스아를 가져다가 반죽하여 떡을 만들라 하고 (7)아브라함이 또 짐승 떼에 달려가서 기름지고 좋은 송아지를 취하여 하인에게 주니 그가 급히 요리한지라 (8)아브라함이 뻐터와 우유와 하인이 요리한 송아지를 가져다가 그들의 앞에 진설하고 나무 아래 모셔 서매 그들이 먹으니라 (9)그들이 아브라함에게 이르되 네 아내 사라가 어디 있느냐 대답하되 장막에 있나이다 (10)그가 가라사대 기한이 이를 때에 내가 정녕 네게로 돌아오리니 네 아내 사라에게 아들이 있으리라 하시니 사라가 그 뒤 장막 문에서 들었더라 (11)아브라함과 사라가 나이 많아 늙었고 사라의 경수는 끊어졌는지라 (12)사라가 속으로 웃고 이르되 내가 노쇠하였고 내 주인도 늙었으니 내게 어찌 낙이 있으리요 (13)여호와께서 아브라함에게 이르시되 사라가 왜 웃으며 이르기를 내가 늙었거늘 어떻게 아들을 낳으리요 하느냐 (14)여호와께 능치 못한 일이 있겠느냐 기한이 이를 때에 내가 네게로 돌아오리니 사라에게 아들이 있으리라

즉 이 세 사람 중에 한명이 주님이시고 또한 그것을 1절과 13절에서 여호와께서 아브라함에게 나타나셨고 말씀하셨다고 기록하고 있다.

그리고서 나는 아브라함에게 상수리 나무에 여호와 하나님이 사람의 모습으로 나타나신 것을 생각하면서 그리고 이 사람은 나에게 주님이 자신이었다고 말씀하여 주셨다.

그래서 주님께 "주님, 나에게도 주님이 그렇게 나타나실 수 없으십니까?"라고 물었더니 주님이 이렇게 말씀하신다.

"너는 나를 (성령님) 항상 네 속에 가지고 있지 아니하냐"고 말씀하셨다. 맞다. 할렐루야.

주님의 그 말씀에 나는 더 이상 말을 못했다.

그리고서는 내려왔다.

구약에서는 성령님이 우리 안에 계시지 않았다.

그러나 주님이 십자가에 못 박혀 죽으시고 승천하신 후에는 우리에게 주님은 진리의 성령님을 내려 보내신 것이다.

그러므로 사실은 항상 우리는 주님을 내 안에 모시고 사는 것과 다름없다. 왜냐하면 그분은 한분이시니까...... 할렐루야!

그리고 그분과 우리는 늘 교통이 가능하고 대화가 가능한 것이다.

할렐루야.

20

모세의 궁 안쪽의
구조가 밝혀지다.

2014. 8. 4

두 번째 천국에 올라갔다.

주님이 금방 나를 늘 모세를 만나던 장소로 데려 가신다.

우리는 계단을 올라가서 큰 궁의 광장에 도달했다.

그 광장의 안쪽에 의자가 세 개 놓여있고 그 의자들 뒤에 장식이 있었는데 아름다웠다.

주님이 앉으시고 나도 앉고 모세도 앉았다.

그리고서는 늘 하던 대로 앞에 놓여 있는 테이블로 자리를 옮겼다.

주님이 앉으시고 내가 주님의 오른편에 모세가 주님의 왼편에 모세와 나는 마주보고 앉았다.

오늘따라 나는 분홍색의 아른 거리면서 반짝거리는 드레스를 입고 있었다. 모세는 청색이 아른거리며 반짝거리는 옷을 입고 있었다.

색상의 대조가 참으로 아름다웠다.

그리고 나에게 황금지팡이가 생겼다.

나는 말했다. 이제 모세와 같이 이야기하는 것이 다 끝난 것을 알고서는 내가 자주 놀러와도 되냐고 물었다.

나는 천국에서 모세를 만나서 천국과 지옥 간증수기 성경편 제 2 권의 내용을 다 마쳤다.

그러므로 나는 이제 더 이상 모세의 궁으로 오지 않을 것 같아서 그렇게 물어본 것이다.

그랬더니 모세가 대뜸 주님께 말한다.

"주님, 사라가 십계명을 적은 돌판에 대하여 의문을 가지고 있어요." 모세가 내 안에 있는 질문, 의문점을 알고서 아직 그 문제를 해결하지 아니하였다는 식으로 들고 나온 것이다. 즉 그 의문점은 바로 '도대체 하나님께서 그 돌판에 십계명을 어떻게 썼냐' 하는 것이었다. '두 돌판에 십계명을 하나님이 친히(원어:손가락) 썼다'고 되어 있는데... (출 31:18, 출 32:16)

[출 31:18]
여호와께서 시내산 위에서 모세에게 이르시기를 마치신 때에 증거판 둘을 모세에게 주시니 이는 돌판이요 하나님이 친히 쓰신 것이더라

[출 32:16]
그 판은 하나님이 만드신 것이요 글자는 하나님이 쓰셔서 판에 새기신 것이더라

그랬더니 주님이 나에게 알게 하시기를 모세가 두 돌판을 마련하여 금식하면서 산에서 자고 일어났더니 벌써 두 돌판에 십계명이 히브리어로 다 기록이 되어 있었다는 것이다. 할렐루야. 그렇구나.

그런데 오늘 우리가 테이블에 앉자마자 우리 뒤로 양옆으로 약 10명 정도의 흰 두 날개 달린 천사들이 흰 옷을 입고 큰 깃털을 들고서 하나씩 우리 머리 위쪽으로 기울여 있다가 쫙 들어올렸다.

오늘 특별한 환영식을 한다는 생각이 들었다.

그리고서는 그들은 그 광장의 양옆 벽 쪽으로 가서 5명씩 서는 것이었다. 그 순간 나는 아하 이 천사들은 늘 양 벽에 서 있던 그 천사들이었구나. 알아진다.

그리고 나서 나는 광장안쪽에 무엇이 있는지 궁금하여졌다.

그랬더니 이것을 아시고 주님은 모세와 나를 궁 안쪽으로 인도하셨다. 그런데 궁으로 들어가는 양 옆은 꼭 홍해가 양 옆으로 갈라지는 듯한 느낌을 받으면서 우리는 안쪽으로 걸어 들어갔다. 궁의 광장쪽에 있던 우리가 궁 안쪽으로 걸어 들어가는데 바닥이 반짝반짝한 대리석으로 되어 있었다.

그러나 우리가 늘 있던 곳 광장의 바닥은 붉은 벽돌로 되어 있다.

주님과 나 모세는 계속 안으로 걸어 들어갔는데 오 마이 갓!

우리 앞에는 큰 유리방이 나타났다.

그 유리방이 열리면서 다시 그 안에 또 유리방이 있고 그곳으로 들어가는 유리문이 있었는데 그 유리문이 열리고 또 큰 유리박스 안에 황금 두 돌판이 들어 있었던 것이다.

할렐루야!

이곳은 전에 주님과 내가 한번 와 본 곳이다. 그 때에는 이러한 궁이 안보이고 단지 유리방만 나에게 보였으므로 이 유리방이 어디에 있는 것인지 몰랐었다.

그런데 이 십계명을 적은 황금 두 돌판이 들어 있는 유리박스와 그 바깥의 유리방들이 어디에 있는 것이냐면 즉 이것이 밝혀지는 순간이었다. 즉 모세의 궁의 가장 안쪽으로 이 유리방이 있었던 것이다.

즉 모세의 궁 가장 안쪽에 유리방이 있는데 그곳에는 십계명을 적은 황금 두 돌판이 있는 것이다. 할렐루야.

그래서 나는 이런 생각이 들었다.

'아하, 천국에 있는 이 궁은 모세와 관련된 기념관인가' 하는 생각이 들었다.

그러나 아직 확실하지 않다.

그러나 분명한 것은 광장에서부터 우리가 걸어 들어온 궁의 오른편에는 아주 흰색으로 거룩한 방이 있었던 것을 기억한다.

그리고 아직 나는 이 궁에 대하여 자세히는 잘 모른다.

그리고 또 나는 여기까지 보고 내려왔다.

할렐루야.

주여 감사합니다.

21

주님은 내가
사도요한과 함께 책을
하나 써야 한다고 말씀하시다.

2014. 8. 5

천국에 올라갔다.

나를 데리러온 천사 둘, 황금진주 대문 앞에 문을 열어주는 두 천사, 또 나를 태운 수레가 천국입구에 도착하면 나를 주님께로 인도하여 주는 두 천사. 이렇게 나는 요즘 나를 천국 올라오는데 수종하는 천사들이 6명이다.

주님이 수레 바깥에 와 계셨다.

주님이 나를 즉시 모세가 있는 궁으로 데리고 가신다.

여기를 주님과 나는 날아서 바로 광장 안 테이블위에 앉았다.

나는 어제 모세를 본 것이 마지막인줄 알았는데 왜냐하면 모세와 쓸 책의 내용을 다 마쳤고 어제는 마지막으로 십계명을 기록한 두 돌판에 대하여 의문이 있는 것을 풀었기 때문이다.

그런데 주님이 나를 다시 여기로 데리고 온 것이다.

나는 어제 모세의 궁에 와서 모세를 보자마자 울었었다.

왜냐하면 나와 대화를 그렇게 쉽게 이어나가지 않고 나를 힘들게 하였었지만 (천국과 지옥간증 수기 성경편 제 2권에서 모세와의 만남을 참고하라) 그러나 모든 것이 고마워서였다.

그런데 주님이 오늘은 왜 나를 여기로 데려 왔는지를 모르겠다.

그렇게 궁금하여 하는데 주님은 모세와 나를 데리고 다시 사도 요한의 집 앞에 있는 피크닉 테이블로 왔다. 이 피크닉 테이블은 요한의 집 앞에서 길이 Y자 모양으로 갈라지는데 바로 그 갈라지는 곳에 놓여 있었다.

주님이 테이블을 가운데 두고 나의 반대편에 앉으셨다.

그의 오른편에 모세, 그리고 주님의 좌편에 사도 요한이 앉았다.

그리고는 테이블 이쪽 편에는 나만 앉아 있었다.

나는 나 혼자 이쪽에 앉아 있는 것이 멋쩍어서 사도 요한에게 이쪽으로 와 달라 했다. 사도 요한은 기꺼이 내 쪽으로 와서 나와 함께 이쪽 편에 앉았다.

나는 참으로 궁금해 하고 있었다.

오늘 주님께서 왜 나를 모세와 사도 요한을 함께 만나게 하는지 말이다. 왜냐하면 한쪽은 구약 때의 사람이고 한쪽은 신약 때의 사람으로 그것도 마지막 계시록을 쓴 요한인데 나에게는 이들에게 전혀 공통점이 없어 보였기 때문이다.

나는 그냥 이 상황에 대하여 신기해하고 있었다.

이들이 나를 같이 만나고 있는 이유가 도대체 무엇인가에 대하여 참으로 궁금해 하고 있었다.

그랬더니 주님과 모세 그리고 사도 요한은 벌써 뭔가를 서로 알고 있는 듯이 눈짓으로 주고 받으면서 나는 그 다음에 일어나는 일들을 보고 있었다. 사도 요한이 나를 미소를 지은 얼굴로 쳐다보면서 그리고 내 손을 자신의 손으로 잡으면서 '사라!'라고 부른다.

나는 사도 요한을 쳐다보았다.

사도 요한은 내 손을 잡고 하는 말이 "사라, 우리는 같이 책을 써야 해요." 라고 말한다.

아하! 주님이 모세를 이곳에 데리고 온 이유를 알겠다.

내가 이제 모세와 함께 쓰는 책을 마쳤으니 이제는 사도 요한과 함께 책을 쓰라는 의미라고 받아졌다.

(아니면 또 다른 이유가 있는 것인가?)

나는 사도 요한의 이 말을 듣고 나서 나는 참으로 놀라워했다.

'아니 나보고 사도 요한과 책을 써야 한다고?'

그것은 분명 요한 계시록에 대한 것일텐데......

나는 '아이구 하나님 안 됩니다.' 라고 말했다.

왜냐하면 그것을 쓰면 나보고 이단이라고 할 것이기 때문에 안 된다고 하였다. 그랬더니 주님이 알게 하시기를 주님이 그 글들을 인도 하시겠다고 말씀하신다. 할렐루야.

그렇다면 할 수 있다. 쓰라는 것만 쓰면 되니까.... 아멘!

그러고 나서 나는 물었다. "한 권입니까 두 권입니까?" 라고 물었더니 한 권이라고 하신다. 할렐루야.

그리고서는 나는 주님과 요한에게 말했다.

"주님, 사도 요한의 집을 구경하고 싶어요!"

그랬더니 주님과 우리 모두는 일어나서 그 Y자 모양의 길을 건너 사도 요한의 집의 뜰로 이동하였다.

사도 요한의 집 뜰에는 수영장도 있었고 연못도 있었다.

그리고 들어가는 입구의 대문은 참으로 웅장하고 컸다.

그리고 우리는 그 집 현관문에 들어섰는데 오 마이 갓!

안은 참으로 높고 큰 둥근 모양의 아주 큰 홀이었다.

그 벽에는 빙 둘러서 요한 계시록이 대리석에 꼭 책에 기록이 되어 있는 것처럼 직사각형 네모 안에 기록되어져서 하나씩 벽에 기록되어 있었다. 빙둘러가면서 말이다.

할렐루야.

그 크기는 엄청 컸다.

그래서 빙둘러가면서 계시록 1장부터 22장까지 다 벽에 기록이 되어 있었다.

할렐루야.

그리고서는 내려왔다.

22
사라도 '하나님의 말씀은 반드시 이루어진다는 것'을 믿었다.

2014. 8. 5

두 번째 천국에 올라갔다.

주님은 나를 이사야 집으로 인도했다.

이사야 집 바로 옆에는 생명수 강이 흐르고 있었는데 이사야 집은 생명수강가 옆에 있었다.

주님과 나 그리고 이사야는 강 옆쪽으로 놓여 있는 피크닉 테이블에 앉았다. 이사야와 주님이 저편에 나는 테이블 이편에 앉았다.

그러고 있는데 그곳에 곧 사라와 아브라함 그리고 이삭이 나타났다. 그러고 나서 주님과 우리 모두는 아브라함의 집으로 이동하였다. 그리고 모두가 다 원탁 테이블에 앉은 것이다.

그리고 나는 사라에게 질문을 했다.

"사라는 어찌하여 이스마엘이 이삭을 농락한다하여 아브라함에게 내어 쫓으라 말할 수 있었는가" 하는 것이다.

이스마엘은 사라가 그의 여종 하갈을 아브라함에게 넣어주어서 얻은 아브라함의 첫째 아들인 것이다.

그럼에도 불구하고 사라는 매우 강하고 용감하게 말한다.

저를 내어 쫓으라고 한 것은 그는 유업을 받을 자가 아니라고 말한 것이다. 그때 아브라함은 고민을 하였다. 왜냐하면 이스마엘이 첩에게서 났지만 그의 첫 아들이었기 때문이다.

그렇게 고민하고 있을 때에 하나님은 아브라함에게 꿈에서 나타나 그를 사라의 말대로 내어 보내라고 말씀하신다.

할렐루야.

여기서 나의 질문은 '어찌 사라가 그토록 용감하게 결단력 있게 그렇게 확신 있게 말할 수 있었는가' 하는 것이었다.

그 때에 사라가 내게 알게 하여 준다.

그것은 바로 '여호와의 말씀은 대저 이루어지지 아니하는 것이 없느니라' 이 말씀을 나에게 생각나게 하여 주면서 자신은 이 말씀을 확실히 믿었다는 것이다.

이것은 사라가 하루 전에 내가 지상으로 가지고 가야 할 말이 이것이라 하였다. 그 말을 오늘 사라가 나에게 다시 주는 것이었다.

즉 사라는 하나님의 말씀대로 이삭이 태어나는 것을 보고 비록 그녀가 처음에는 웃었지만 그러나 실제로 경수가 끊어진 자신에게서 하나님의 말씀대로 이삭이 태어나는 것을 보고 그녀는 '대저 하나님의 말씀은 이루어지지 아니하는 것이 없다'는 것을 경험하게 된 것이다. 할렐루야.

그래서 사라는 하나님께서 아브라함에게 나타나서 '네 후손이라 할 자는 이삭을 통하여 말미암으리라' 하신 말씀을 사라는 굳게 믿게 되었다는 것이다.

즉 하나님께서 하갈을 통하여 얻은 첫아들 이스마엘을 통하여서 후손을 이어가실 계획이 없다는 것을 사라는 확실히 알게 된 것이다.

거기다가 하나님의 말씀으로 태어난 것이 아니라 육신의 생각으로 태어난 이스마엘이 하나님의 약속으로 낳은 이삭을 농락하니 그를 내어 쫓으라고 과감히 말한 것이다.

할렐루야.

그러므로 우리에게 필요한 것은 하나님이 하신 말씀을 그대로 믿는 믿음이 필요한 것이다. 할렐루야.   왜냐하면 대저 하나님의 하신 말씀은 그대로 일어나지 아니함이 아무것도 없기 때문이다. 우리는 그냥 그분이 하신 말씀에 믿음을 두고 담대히 용감하게 그 말씀대로 행하기만 하면 되는 것이다. 할렐루야.

사라를 통하여 또 가르쳐 주심을 주님께 감사드립니다.

23
롯과 롯의 아내를 보다.

2014. 8. 6

천국에 올라갔다.

주님과 나는 아브라함의 집으로 갔다.

거기에는 사라와 아브라함 그리고 이삭이 와 있었다.

주님과 우리 모두는 아브라함의 리빙룸에 있는 큰 원탁 테이블에 앉았다.

나는 거기서 롯과 롯의 아내에 대한 질문을 가졌다.

"주님! 롯을 보여주세요." 그러자 내 눈에 롯이 보였다.

그는 자신이 앉아 있는 상태에서 온몸을 7-8 cm정도의 두께의 녹청색 뱀이 그의 몸을 칭칭 감고 있었다.

이런 상태에서 롯이 말을 한다.

"내가 돈을 좋아하다가 이렇게 되었어요."

그리고 말한다. "돈에 미련을 가지면 안 돼요. 돈에 미련 갖지 마세요."라고 했다.

나는 하나님이 소돔을 불과 유황으로 치려 할 때에, 아브라함은 롯을 위하여 기도하였고 하나님께서는 아브라함의 중보 기도를 들으시고 롯을 소돔에서 구하여 내신 것이 기억이 났다.

아브라함의 중보기도:

[창 18:31-33]
(31)아브라함이 또 가로되 내가 감히 내 주께 고하나이다 거기서 이십인을 찾으시면 어찌 하시려나이까 가라사대 내가 이십인을 인하여 멸하지 아니하리라 (32)아브라함이 또 가로되 주는 노하지 마옵소서 내가 이번만 더 말씀하리이다 거기서 십인을 찾으시면 어찌 하시려나이까 가라사대 내가 십인을 인하여도 멸하지 아니하리라 (33)여호와께서 아브라함과 말씀을 마치시고 즉시 가시니 아브라함도 자기 곳으로 돌아갔더라

[창 19:27-29]
(27)아브라함이 그 아침에 일찌기 일어나 여호와의 앞에 섰던 곳에 이르러 (28)소돔과 고모라와 그 온 들을 향하여 눈을 들어 연기가 옹기점 연기 같이 치밀음을 보았더라 (29)하나님이 들의 성들을 멸하실 때 곧 롯의 거하는 성을 엎으실 때에 아브라함을 생각하사 롯을 그 엎으시는 중에서 내어 보내셨더라

그리고 베드로는 이 롯에 대하여 이렇게 말하고 있다.

'의인 롯이 소돔에서 매일 심령을 상하니라.' 라고 했다.

[벧후 2:7-8]

(7)무법한 자의 음란한 행실을 인하여 고통하는 의로운 롯을 건지셨으니 (8)(이 의인이 저희 중에 거하여 날마다 저 불법한 행실을 보고 들음으로 그 의로운 심령을 상하니라)

즉 아브라함도 베드로도 롯을 의인이라고 불렀다. 그런데 이 때의 의인이라고 하는 것은 다른 이방인에 비하여 상대적인 의미인 것이다. 그가 정말 의인이라서가 아니라.

그런데 난 롯이 앉아 있는 상태로 뱀에게 감겨져 있는 것을 볼 때에 나는 믿을 수가 없었다. 아니 롯이 저러한 모습으로 있다니....

그리고 롯의 아내는 아예 불속에서 고통당하고 있는 것이 보였다. 주여!

도망하는 그녀를 큰 뱀이 쫓아가서 그녀를 감아서 다시 불속에 던져 넣고 있는 모습이 보인 것이다.

나는 마음이 무척 아팠다. 롯의 아내보다 롯 때문이었다.

나는 아브라함에게 물었다.

"아브라함, 이 사람이 롯이 맞아요?"

아브라함은 대답대신 고개를 끄덕였다. 맞다고.

사실 롯이 잘 한 것이 별로 없었다.

그는 아브라함의 하나님보다 돈이 좋아서 아브라함을 떠났다.

또 소돔과 고모라가 타락한 것 알면서 그곳을 떠나지 않았고 떠나지 않은 이유는 그곳에 자신의 재산이 그곳에 다 있었기 때문이다.

그리고 그는 그곳에서 하나님을 전한 것도 아니었다.

그는 또 나중에는 두 딸과 근친상간하여 모압과 암몬의 조상이 되는 아들들을 낳았다.

알고 보면 롯은 정말 잘한 것이 아무 것도 없다.

단지 이방신을 섬기는 갈대아 우르에서 하나님을 섬기는 아브라함을 따라 나섰다는 것 외에 말이다.

그런데 나는 아직 모르겠다.

롯이 뱀에 칭칭 감겨서 앉아 있는 그곳이 소위 성 밖인지?

아니면 지옥인지 잘 모르겠다.

그러나 나는 아직 롯이 있는 곳이 어디인가에 대하여 결론을 짓는 것이 이르다고 생각한다. 더 확인이 필요하다.

롯의 아내는 분명히 지옥에 있었다.

24

롯이 하나님의 영광이 해같이 빛나는 천국 안에 없다.

2014. 8. 7

천국에 올라가는데 수레가 더 넓어지고 더 아름다워졌다.

아예 수레 안에 내 옆자리에 아이의 눕는 자리가 마련되어 있다.

건너편에는 보모가 앉아 있다.

수레가 천국 안에 도착하자 아이와 보모는 내려서 가고 나는 주님과 함께 정원으로 갔다.

정원의 벤치에 앉은 것이다.

주님은 아신다. 내가 질문이 있는 것을.........

나는 주님께 물었다.

"주님 롯을 보여주세요."

주님의 얼굴이 화가 난 듯한 얼굴로 보인다.

즉 롯이 천국에 없는 것이 확실하다.

그러면서 내 눈에 롯이 녹청색의 구렁이가 몸을 칭칭 감은채로 앉아 있는 것이 보였다.

나는 롯의 아내를 또 보여 달라 했다.

주님은 더 화난 얼굴이다.

그녀가 벌거벗고 불로 고통당하면서 도망치고 있는데 큰 구렁이가 그녀를 휙 감아서 다시 불로 던지는 것이 보인다.

아, 이들은 소위 우리가 말하는 천국에 없다. 하나님의 영광이 해같이 빛나는 그곳에 없는 것이다.

나는 주님과 걷기를 원했다.

롯 때문에 이미 나의 영은 울고 있었다.

주님과 나는 일어나서 걸었다. 어느새 유리 바닷가에 있는 벤치에 도달하였다.

거기에 사라가 왔다.

조금 있다가 아브라함과 이삭이 왔다.

그리고 우리 모두 같이 아브라함의 집으로 이동했다.

우리 모두는 원탁 테이블에 앉았다. 그리고 나는 주님께 질문했다.

"롯의 아내가 소돔에서 나올 때에 뒤를 돌아보지 말라했는데 뒤를 돌아보다가 소금기둥이 되었는데 주님 왜 그러셨어요?"라고 물었더니 그냥 주님이 나에게 알게 하여 주신다.

그것은 롯의 아내에게 주님의 진노가 급격하게 부어져서 그렇다는 것이다. 그래서 그 자리에서 바로 영혼을 데려가셨다는 것이다.

이러한 하나님의 진노는 밭을 판 돈을 가져와서 얼마는 숨기고 나머지를 가져와서 베드로에게 이것이 전부라고 거짓말을 같이 한 아나니아와 삽비라에게 부어졌던 하나님의 진노와 비슷하다는 것을 알게 하여 주신다.

[행 5:1-11]

(1)아나니아라 하는 사람이 그 아내 삽비라로 더불어 소유를 팔아

(2)그 값에서 얼마를 감추매 그 아내도 알더라 얼마를 가져다가 사도들의 발 앞에 두니 (3)베드로가 가로되 아나니아야 어찌하여 사단이 네 마음에 가득하여 네가 성령을 속이고 땅값 얼마를 감추었느냐 (4)땅이 그대로 있을 때에는 네 땅이 아니며 판 후에도 네 임의로 할 수가 없더냐 어찌하여 이 일을 네 마음에 두었느냐 사람에게 거짓말 한 것이 아니요 하나님께로다 (5)아나니아가 이 말을 듣고 엎드러져 혼이 떠나니 이 일을 듣는 사람이 다 크게 두려워하더라 (6)젊은 사람들이 일어나 시신을 싸서 메고 나가 장사하니라 (7)세 시간쯤 지나 그 아내가 그 생긴 일을 알지 못하고 들어오니 (8)베드로가 가로되 그 땅 판 값이 이것 뿐이냐 내게 말하라 하니 가로되 예 이뿐이로라 (9)베드로가 가로되 너희가 어찌 함께 꾀하여 주의 영을 시험하려 하느냐 보라 네 남편을 장사하고 오는 사람들의 발이 문 앞에 이르렀으니 또 너를 메어 내가리라 한대 (10)곧 베드로의 발 앞에 엎드러져 혼이 떠나는지라 젊은 사람들이 들어와 죽은 것을 보고 메어다가 그 남편 곁에 장사하니 (11)온 교회와 이 일을 듣는 사람들이 다 크게 두려워하니라

즉 그들에 대한 하나님의 진노가 급격하여 그 자리에서 영혼을 데려가시는 경우이다.

그리고 왜 롯이 소위 천국에 못 들어왔는가를 알게 하시는데 그는 딸들과 실수로 잠을 잔 이후에도 성경은 그 이후의 그들의 삶에 대한 기록이 없다. 다만 그의 자손들이 모압과 암몬의 자손들이 되었다는 것만 기록하고 있다.

어찌하여 친 아버지와 딸들 사이에서 이런 일이 일어날 수 있었는가 하는 것은 그들이 오랫동안 성적으로 문란한 소돔에 있었던 것이 영향력이 컸다.

그래서 그 딸들이 하지 말아야 할 짓을 했고 그 이후에는 어떻게 되었다는 기록이 전혀 없는 것으로 보아 롯이 계속 타락했을 가능성도 있다.

어찌하였든 나는 롯이 천국에 없는 것을 보았다.

그러나 아직도 나는 그가 앉아 있는 장소가 성 밖인지 지옥인지는 잘 모르겠다.

이것이 앞으로 나에게 더 자세하게 알려져야 한다.

25

천국에는 아담과 하와라고 이름이 붙여진 천사들이 있다.

2014. 8. 9

천국에 올라갔다.

나를 맞으러 오는 황금 진주 수레를 끄는 말이 세 마리로 늘어났고 수레는 꼭 작은 방을 연상하듯이 방처럼 넓어졌고 내가 수레에 타면 늘 내 아이가 내가 앉는 자리 옆에 요람에 누워있다.

그리고 그를 키우고 돌보는 보모는 나의 건너편에 앉아 있다.

그리고 우리는 천국에 올라간다.

순식간에 올라가지만 그래도 이제 내가 천국에 올라갈 때마다 내 아이의 얼굴을 한번이라도 볼 수 있으니 참으로 좋다.

이것이 다 나에 대한 주님의 배려이다. 얼마나 감사한지......

수레가 천국에 도착하고 나는 주님의 보좌 앞으로 가기를 원했다.

왜냐하면 주님의 보좌 앞에서 물어보아야 할 것이 있기 때문이었다. 주님이 주님의 자리에 앉으시고 흰 두 날개 달린 천사가 주님의 양쪽에서 주님을 보좌하고 있다.

　나는 주님 앞에 꿇어 엎드렸다.

　그리고 나는 아담과 하와를 보여 달라 했다. 이것이 내가 주님의 보좌 앞에 가고자 했던 이유였다. 나는 그들을 지옥에서 보았지만 나는 믿을 수 없었다. 그래서 나는 다시 주님의 보좌 앞에서 확인을 하고 싶었다.

　그랬더니 저 입구에서 아주 미남 미녀가 들어온다.

　그들의 얼굴들이 사람의 얼굴과는 다른 것이 알아지면서 그들이 사람이 아니라 천사들인 것이 그냥 알아진다.

　그런데 그들의 이름이 아담과 하와인 것이다. 아니 이럴 수가....

　아담과 하와라는 이름을 가진 천사들이 있다니....

　그리고 그들의 얼굴은 사람들의 얼굴과 다르게 좀 아주 잘 생긴 마네킹 같은 느낌이 났다.

　그들은 단지 그들의 이름이 이 세상의 첫 인간인 아담과 하와를 본떠서 지어졌다는 것이 알아졌다. 기념의 의미였다.

　이 일은 참으로 놀라운 일이었고 믿겨지기 어려운 일이었다.

　그리고 나는 진짜 아담과 하와는 지옥에서 보았던 것이다.

　그들은 눈도 없고 뼈만 남은 상태였다.

　그런데 이 아담과 하와라는 천사는 주님보좌 앞에 와서 서거나 혹은 옆에 서는 것이 아니라 그들은 천사들이라 예수님이 앉은 자리쪽에는 서지 못하고 각 양쪽에 천사들이 있는 곳에 가서 서는 것이었다. 주님 옆에는 하나님의 자녀들만 설 수 있다.

이것이 나에게 더 확실히 알게 되었는데 그 다음으로 토마스 주남이 들어와 주님의 왼편에 섰고 내 육신의 아버지가 들어와 그 옆에 선 것이다. 그러나 아담과 하와라 이름이 불리는 천사들은 주님 옆에 와서 서는 것이 아니라 천사들이 서있는 양쪽에 가서 선 것이다. 나는 사실 이 모든 사실이 믿기지가 않았다.

그러나 이 순간 주님은 또한 진짜 아담과 하와는 가인과 함께 지옥에 있음을 마음으로 알게 하신다.

나는 이것을 다시 확인하기 위하여 바울의 황금으로 된 방에 가자 했다. 둥근 황금테이블에 주님이 내 오른편 옆에 앉으셨다.

내가 주님께 마음으로 물었다.

주님, 진짜 아담과 하와가 지옥에 있는 것 맞아요?

주님은 말씀하신다. "너는 내 구멍 뚫린 손을 믿니?"

'그러면 그것도 믿으라' 하신다. 할렐루야. 나는 여기까지다.

내가 본 것을 의심하는 것도 여기까지다.

주님은 내게 보여주셨는데도 불구하고 그것을 의심하여 자꾸 더 확인하려 하면 오히려 주님은 나에게 더 안보여 주시고 더 안 열어 주신다. 왜냐하면 나는 그 후 몇 번이나 천국에 올라가서 더 물어보려 하였으나 주님은 더 이상 보여주시지 아니하셨다. 오히려 주님은 다른 곳을 보여주셨다.

* **부연설명 :** 어떤 이들이 아담과 하와를 천국에서 보았다고 하는 자들이 있다.
나는 이것이 답이 아닌가 생각한다.
그들이 아담과 하와라고 이름이 지어진 천사들을 본 것이 아닌가 하는.....

26

아담과 하와가 지옥에 있음을 다시 확실히 하여 주시다.

2014. 8. 9

천국에 올라갔다.

주님이 나를 회의실로 인도하셨다.

주님은 주님의 자리에 앉으시고 그 다음 주님의 오른편에 마리아가 앉고 그 다음은 사도 바울 그리고 사도 요한 그리고 안드레가 차례로 앉았고 삭개오가 와서 또 그 옆에 앉았다.

그리고 주님의 왼편에는 항상 그렇듯이 내가 먼저 앉았고 두 번째로 사도 베드로 그리고 에스더가 그 다음 그리고는 모세가 와서 앉았다.

오늘따라 모세가 이 회의장에 나타나다니 뜻밖이었다.

모세는 우리가 한국전쟁이야기로 의논할 때에 대부분 나타나지 아니하였는데 오늘은 나타난 것이다. 그리고 빌립이 와서 그 옆에 앉았다.

이 앉는 순서는 무슨 위계질서를 나타내는 것이 아니다.

다만 관계되는 자들이 모이는 것으로 보면 된다.

나는 또 우리가 회의장에 와 있는 것으로 보아 또 한국전쟁이야기
인가보다 하고 있는데 주님이 말씀하신다.

"사라가 아담과 하와가 지옥에 있는 것을 의심을 하고 있다"고 말
씀하셨다.

그러자 사도 바울이 나를 보고 말했다.

"주님의 손에 구멍이 뚫린 것이 보이냐"고 나에게 물었다.

그렇다고 하였더니 사도 바울이 하는 말이 '그러면 그것처럼 아담
과 하와가 지옥에 있는 것도 자기가 믿으라 하지 않았냐'고 나에게
말했다. 그랬다. 저번에....

그리고 그 다음 모세가 마음으로 나에게 말했다.

이제 왜 모세가 여기 참석하고 있는지 이해가 되었다.

모세는 지난번에 내가 주님한테 갑자기 아담과 하와를 보여 달라
고 떼를 쓰듯이 말한 것을 말했는데 왜냐하면 나는 그들이 천국에 있
어야 하는데 하고 생각했기 때문이다. 그런데 어쩐지 천국에서 주님
과 모세의 하는 말을 듣는 중에 혹 그들이 지옥에 있지 않는가 하는
의심이 들어서 그들이 천국에 있는 것을 보여 달라고 주님께 떼를 쓴
적이 있었다.

그 때에 모세는 이렇게 주님께 말했다.

"주님, 사라가 억지를 부리고 있어요."

나는 모세가 나에게 이야기할 때에 이 생각을 하고 있었는데
모세가 나에게 다음 성경구절을 생각나게 하는 것이었다.

히브리서 11장 1-3절을 보면 믿음의 정의를 말하고 천지창조가 믿음으로 하나님의 말씀으로 지어진 것을 믿는다고 말하면서 믿음의 조상으로 아벨부터 시작되는 것을 생각나게 하였다.

[히 11:1-4]

(1)믿음은 바라는 것들의 실상이요 보지 못하는 것들의 증거니 (2)선진들이 이로써 증거를 얻었느니라 (3)믿음으로 모든 세계가 하나님의 말씀으로 지어진 줄을 우리가 아나니 보이는 것은 나타난 것으로 말미암아 된 것이 아니니라 (4)믿음으로 아벨은 가인보다 더 나은 제사를 하나님께 드림으로 의로운 자라 하시는 증거를 얻었으니 하나님이 그 예물에 대하여 증거하심이라 저가 죽었으나 그 믿음으로써 오히려 말하느니라

즉 아담과 하와 그리고 가인이 빠지고 믿음의 조상으로 아벨부터 시작하는 것이었다. 믿음장 11장에서 말이다.

3절은 또 특히 천지창조에 대하여 말하고 있고...

즉 모세는 나에게 아담과 하와가 천국에 없고 지옥에 있다는 사실을 이 구절로 나에게 대답하는 것이었다.

주여!

그리고 모세는 다른 한 구절을 더 나에게 생각나게 하여 주었다.

그것은 또한 한 구절 더 생각나게 한다.

[고전 15:22]

아담 안에서 모든 사람이 죽은 것같이 그리스도 안에서 모든 사람이 삶을 얻으리라

이 죄를 물으시는 것이었다.

즉 아담 한 사람으로 인하여 죄가 이 세상에 들어오고...

그리고 아담 때문에 그 후손이 영적으로 다 죽게 된 것이 얼마나 큰 죄인지.... 알게 하여 주셨다.

아담과 하와를 내가 지옥에서 보았음에도 불구하고 본 그것을 의심하고 있는 나를 주님은 다시 회의실로 데려와서 믿음의 선진들을 통하여 다시 그들이 지옥에 있음을 확실히 알려주시는 것이었다.

할렐루야.

의심하고 있는 나를 명확히 알려주시는 하나님을 찬양합니다...

27
아담과 하와가 있는
지옥을 다시 가보다.
2014. 8. 11

천국에 올라갔다.

두 천사가 흰말 세 마리가 끄는 수레를 가져왔다.

주님이 안에 먼저 앉아 계셨다.

아이도 옆에 누워있고 보모도 주님 옆에 앉아 있다.

그 마차는 즉시 천국 대문 안에 도착하였다.

주님이 내리시자마자 급상승하여 저 높은 곳으로 가신다.

그리고 나보고 '따라 오라' 하신다.

나도 그렇게 급상승하여 높은 곳에 도달하였다.

이런 때에는 구름을 타지 않고 그냥 위로 급상승한다.

그 높은 절벽 같은 곳에는 우리 앞쪽으로 생명수가 흐르는 폭포가
있었다.

주님은 나보고 그 생명수로 세수하라 하신다.

나는 그 생명수 물로 세수를 했다.

그러고 나서 주님은 내게 물으신다.

"무엇을 하기를 원하느냐"고.

나는 모세를 만나는 궁으로 가기를 원한다 했다.

주님은 나를 모세를 만나는 궁으로 데리고 가셨다.

그리고 우리 모두는 거기 궁에 마련된 테이블에 앉았다.

모세는 오늘 노란색의 옷을 입고 나왔다.

그리고 나에게 황금지팡이를 준다.

나는 그것을 받아 내 치마위에 놓았다.

모세가 주님이 있는 데에서 말을 한다.

"아담과 하와가 지옥에 있는 것을 자꾸 의심하지 말라"고.........

"보여 준 것을 자꾸 의심하면 어떻게 되냐"고 했다.

나는 주님께 말했다.

"주님, 아담과 하와가 지옥에 있는데 그들을 만나서 대화하고 싶어요." 라고 했다.

그러자 나는 벌써 천국 대문 쪽으로 다시 데려와졌고

나를 따라 지옥으로 갈 네 명의 천사들이 보였다.

그들은 베이지 색깔의 몸에 짝 달라붙는 옷들을 입었고 눈만 내어놓고 복면을 하였고 또 옆에는 칼들을 차고 있었다.

그리고 그들은 나와 함께 아담과 하와가 있는 지옥으로 내려갔다.

이곳은 큰 불 연못 같은 곳인데 그 왼편 한쪽으로 큰 공터가 나타나면서 거기에 쇠창살 방이 쭉 늘어서 있다.

아담과 하와는 그 첫 번째 쇠창살 방에 있었는데 이들은 아주 오래

된 것 같았고 눈은 아예 없고 뼈만 남아있어 도무지 형체를 알아볼 수가 없었다.

그럼에도 불구하고 나는 그들이 누군지 그냥 알아졌다.

아담과 하와였다. 그들이 같은 쇠창살 방안에 있는데 하와가 나를 보더니 이렇게 말한다.

"저게 또 왔네, 저게 구경하러 왔지?"

들어도 역겨운 소리였다.

얼마나 오랫동안 괴로웠으면 저럴까 하는 생각이 들어왔다.

그래도 아담은 말하는 것이 좀 부드러웠다.

그러고 나서 나는 다시 천국으로 올라왔는데 나는 이제 다시는 그들이 지옥에 있는 사실을 의심하지 않기로 한 것이다.

할렐루야. 주여 감사합니다.

28
롯이 성 밖에서
슬피 울고 있다.

2014. 8. 12

천국에 올라갔다.

세 마리 말이 끄는 수레가 왔고 수레가 좀 넓어졌다.

이전에는 두 마리 말이 끄는 수레를 탔었는데 이제는 세 마리가 끄는 마차를 타게 되었다.

바깥에서 나를 수호하는 천사가 이렇게 말한다.

"주인님, 주님이 기다리고 계십니다."

수레 안에는 내 아기가 있었고 그리고 그 아기를 돌보는 보모가 앉아 있었다. 나는 내 아이를 보고 매우 기뻐서 내 얼굴에 함박꽃이 피었다. 나는 내 아기를 안았다. 아이도 나를 보고 활짝 웃는다.

우리는 모두 황금대문을 거쳐서 황금대로 옆에 수레가 도착하였다.

아기와 보모는 내려서 가고 나도 마차에서 내렸다.

주님이 아예 수레 바깥에서 나를 기다리고 계셨다.

나는 주님을 보자 함박 웃었다.

그러나 곧 눈물로 그분의 옷에 파묻혔다. 주님을 만나면 그렇다.

금방 그렇게 좋다가도 또 너무 좋아서 눈물이 났다.

주님은 나를 데리고 모세가 있는 궁으로 가셨다.

우리는 궁의 넓은 광장 (이것이 성막구조의 뜰을 연상케 하는 곳이다) 을 거쳐서 중간에 기둥이 많은 곳 (이곳은 성막구조의 성소를 연상케 하였다) 을 거쳐서 유리문 (이곳은 성막구조의 지성소를 연상케 하였다.)이 있는 곳으로 갔다.

그 유리문이 열리고 그 안에 다시 유리방이 있는데 그 유리 방안에는 유리박스가 있었다. 그리고 그 유리박스 안에는 모세의 십계명이 적힌 황금 두 돌판이 있었다. 할렐루야.

주님과 나는 그 안쪽 즉 성막구조의 지성소라고 할 수 있는 십계명을 적은 황금 두 돌판이 있는 곳을 구경하고서는 나는 주님께 말했다. "주님, 저번에 광장안쪽(성소부위) 오른편에 갔었던 방안이 온통 하얗게 보이던 그 거룩한 방에 가고 싶어요." 라고 말했다.

그랬더니 주님과 나는 곧 그 방으로 들어섰다.

거기에 모세도 왔다.

그 방안에 있는 원탁 테이블에 주님과 모세 그리고 내가 앉았다.

나는 롯에 대하여 물었다. "롯이 어디 있는 것이냐"고.

모세가 마음으로 알게 한다. "천국에 없다 "한다.

나는 지난번에 롯이 구렁이에 의하여 칭칭 감겨져서 앉아 있는 것을 보았다.

주님이 말씀하신다.

롯이 울고 있다 한다. 슬피 울고 있다 한다.

나는 롯이 있는 곳이 천국의 성 밖인지 즉 이기지 못하는 자들이 가는 장소에 있는지 아니면 그가 있는 곳이 지옥인지 궁금하여 하였다. 그리하였더니 주님은 롯이 이기지 못하는 자의 반열에 속하여 성 밖에 있음을 알게 하여 주신다.

그는 하나님을 아는 마음은 있었으나 믿음의 행동이 별로 없었다는 것이다. 소돔에서도 나올 수 있었는데 거기 그냥 있었고 거기 있으면서 전도하지도 않았고 나와서도 굴에서 딸들과 상관하여 모압과 암몬의 자손들을 낳았던 것이다.

그는 하나님이 보시기에 실패한 자였다. 이기지 못한 자에 속하였다. 그러므로 그는 지옥에 있지 않으나 바깥 어두운 데에서 슬피 울며 이를 갈고 있는 것이다.

오 마이 갓! 그런데 롯이 성밖에 있다면 그 장소에는 그다지 해는 끼치지 아니하나 단지 몸을 칭칭 감고 있는 구렁이들도 있다는 것이다.

주여!

29
순교자들이
가는 궁을 가보다.

2014. 8. 12

두 번째로 천국에 올라갔다.

아주 급속히 빠르게 천국에 올라갔다.

주님이 수레바깥에서 나를 맞아 주셨는데 오늘따라 주님의 복장이 보통 때와 다르다. 머리에는 머리 주위로 둥글게 빛이 나고 있었고 옷은 흰 옷을 입으셨는데 챠름하게 내려오는 긴 흰 옷을 입으셨다. 허리에는 황금벨트를 하신 것이 아니라 천으로 된 얇은 아주 가는 끈으로 허리를 묶으셨다. 그리고 허리 밑으로의 옷이 꼭 치마처럼 치렁치렁하게 내려왔고 옷은 아주 하얗고 빛이 났다. 오늘 따라 입으신 옷이 아주 특이하였다.

그리고 주님은 그런 옷을 입고 그냥 구름 없이 높이 비상하셨다.

그러시면서 나를 보고 '따라 올라오라' 하신다.

그래서 나도 직선으로 위로 비상하여 주님이 계신 곳에 섰다.

이곳은 내가 주님과 함께 제법 많이 와 본 곳으로 절벽같이 되어 있고 그 앞쪽으로는 생명수가 흐르는 폭포수가 있다.

두 천사가 나타나서 내가 입고 있는 옷을 벗기고 생명수로 목욕을 시켰다. 그리고 주님이 입으신 옷과 똑 같은 것을 입혔다.

나는 그렇게 면류관도 쓰지 않고 주님과 같이 흰 치렁치렁한 옷을 입고 거기에 천으로 된 가는 끈으로 허리를 묶었다.

그리고 나니 나는 주님과 똑같은 복장을 하고 있는 것이었다.

'아니 내가 왜? 생명수에 목욕을 하고 이렇게 주님과 같이 똑 같은 이러한 복장을 할까?' 매우 궁금하였다.

그런데 주님이 그 다음 나를 인도하신 곳은 어떤 큰 방안의 홀이었는데 거기에는 나와 똑같이 복장을 한 자들이 모여 있었다.

그중에 한 명의 얼굴이 잊혀지지 않게 또렷이 보였는데 그는 엊그저께 나에게 카톡으로 들어온 소식에 보였던 즉 이라크에서 ISIS에 (극단적 이슬람교도들) 의하여 목을 칼로 짤린 순교자의 얼굴이었던 것이다. 순간적으로 얼마나 또렷하게 보였는지.........

그의 눈은 크고 그리고 검은 곱슬머리에 턱에 검은 수염이 난 그 모습, 즉 내가 본 잘려진 머리가 공원에 쇠창살에 걸려 있던 그 얼굴 이었던 것이다.

오 마이 갓! 여기에 모여 있는 자들은 주님과 주님의 말씀 때문에 순교한 자들이라는 것이 즉시 알아졌던 것이다.

아니 그런데 나도 이들과 똑 같은 복장을 하고 이곳에 온 것이다.

그 홀 안에는 베드로도 동일한 복장을 하고 있음이 보였고 바울도 보였다.

주님은 큰 구름을 준비하셔서 그곳에 있던 순교자들을 다 구름에 태워서 저기 저 빛나는 크리스탈 수정 같은 성으로 모두를 인도하셨다.

모두가 거기 들어가서는 바닥에 앉았고 주님은 저어기 앞에서 무엇인가를 설파하시는데 나는 잘 알아듣지 못했다.

천국의 언어로 설파하시는데 나에게는 그 언어가 숨겨져 있었다.

나는 그들 중의 한 명으로 그 궁 안의 저 뒤쪽 오른편에 앉아 있었다. 앉아 있는 그들은 주님의 말씀에 반응도 하고 손도 위로 들어 환영하기도 하고 뭐라고 하는데 나는 그들이 뭐라고 하는지 모르겠다.

주님이 말씀하시는 것을 다 마치자 그곳에 있는 그들이 다 일어섰는데 주님은 그들의 환호를 받으면서 그들의 머리위로 날아서 궁 바깥으로 나오셨다.

나는 그곳 그 성안의 기둥에 순교자들의 이름이 적혀 있다는 것을 알 수 있었다.

주님은 나와 함께 그들을 뒤로 두고 구름을 타고 모세가 있는 궁에 도착하였다. 그리고 테이블에 앉으셨는데 주님과 나만 동일한 복장을 하고 있었고 모세는 다른 복장을 하고 있었다. 즉 모세는 순교한 자가 아니었다.

주님이 모세에게 말씀하신다.

"우리가 순교자들이 있는 곳에 다녀왔다"고..........

그랬더니 모세가 이렇게 말하는 것이 알아졌다.

"주님, 아직 사라가 준비가 안 되어 있어요." 라고 했다.

즉 그 말은 나는 아직 그곳에서 주님이 하시는 말씀을 알아들을 수 없었다.

모세는 그것을 말하는 것 같았다.

천국에서는 천국에서 통하는 말이 있는 것 같았다.

그런데 그 언어가 아직까지 나에게는 알려지지 않았다.

그래서 모세는 이렇게 말하는 것이었다.

"주님, 사라가 아직 준비가 안 되었지요?" 라고 말이다.

할렐루야.

그런데 나는 솔직히 모세가 말한 것, 즉 내가 아직 준비가 안 되었다는 말이 내가 아직 순교자의 반열에 들 준비가 안 되었다는 말인지 아니면 내가 준비가 안 되어 그 천국의 언어를 못 알아 듣는다는 말인지 잘 모르겠다. 어쨌든 오늘 주님은 순교자들이 모이는 궁으로 나를 데려가셔서 그들이 모이는 궁이 따로 있다는 것을 알게 하시고 또한 그들 앞에서 주님이 설파하신다는 것을 알게 하셨다. 할렐루야!

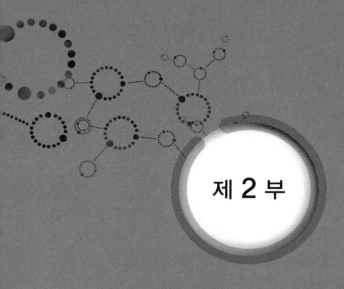

제 2 부

2014. 4. 3

~ 2014. 4. 29

30
주님이 '천국에는 소수가 들어온다.' 고 말씀하신다.

2014.4.3

[마 7:21]

나더러 주여 주여 하는 자마다 천국에 다 들어갈 것이 아니요 다만 하늘에 계신 내 아버지의 뜻대로 행하는 자라야 들어가리라

천국에 올라갔는데 주님이 말 두필을 준비하셔서 우리는 말을 타고 힘껏 같이 달리다가 천천히 갔다.

주님이 다른 말을 타고 있는 나를 들어서 자신의 앞에다가 앉혔다.

그리고 내가 탔던 말은 옆에서 그냥 따라온다.

아, 주님 앞에 앉은 그 포근함. 주님이 나를 사랑하여 주심. 그것이 너무나 좋았다.

그 좋은 감정을 말로 표현하기가 정말 힘들다.

그러다가 우리가 가는 길 저 멀리에 꼭 아침 해가 떠오르는 모양으로 밝은 빛이 둥글게 떠 오른 것이 보였다. 너무나 환하게 비치고 있었다.

아니 저것이 무엇일까? 천국에는 해가 없다고 했는데……

우리가 그쪽으로 가고 있었을 때에 그 둥근 빛이 우리 쪽으로 다가오고 있었다. 그런데 그 둥근 빛은 빛으로 된 바다라고 해야 옳을 것이다. 그리고 그 빛의 파도가 우리에게 아니 환한 빛이 큰 파도가 되어서 우리에게 다가오고 있었다. 주님과 나는 그 빛으로 된 파도 속을 들어가고 있었다. 아니 통과하고 있었다. 꼭 그 광경은 쓰나미가 몰려올 때 그런 큰 파도라고 해야 할까? 아무튼 그랬다.

주님과 나는 빛으로 된 그 큰 파도 속으로 들어가서 통과하는데 그 빛은 뜨겁지 않았다. 너무나 밝아서 꼭 불 같은데 불이 아니었다.

그리고서는 그 파도 속으로 많은 학생들이 옆으로 일렬을 하여 그 불속을 통과하면서 하나님 앞에 하나씩 무릎을 꿇는 장면이 보였다.

아하, 지금 이 모습은 할렐루야! 내가 집회할 때에 성령의 불사역을 해야 하는데 하고 생각하고 기도하고 있었더니 주님께서 그렇게 역사하실 것을 미리 나에게 말씀하고 있는 것 같았다. 할렐루야.

즉 내가 사역할 때에 사람들에게 하나님께서 이렇게 빛 즉 성령의 불을 보내셔서 그들을 온통 적셔서 그들로 하여금 진정으로 하나님 앞에 돌아오게 하시겠구나 하는 것이 알아졌다. 아 주여! 감사합니다. 아멘! 아멘! 주여 참으로 감사합니다. 할렐루야.

그리고 그 후에 주님과 나는 유리 바다 앞에 있는 모래사장으로 말을 타고 가고 있었다. 우리가 탄 말은 정말로 천천히 가고 있었다.

주님이 말씀하신다.
"다시는 좌절하지 말라"고....
아멘.

나는 주님께 물었다.
"왜 사람들은 천국과 지옥 이야기 듣는 것을 별로 좋아하지 않냐
고?" 주님이 말씀하신다.
"천국에는 소수가 들어오느니라."

그 말씀에 나는 조금 걱정되었다.
그러면 나는...
나는 과연 천국에 들어갈 수가 있는가? 하고 말이다.
'주여, 우리 모두를 용서하여 주시옵소서!'
그리고 나는 더욱 주님께 순종하고 살아야겠구나 생각했다.
할렐루야.

31
주님이 십자가에 못 박히실 때에 왼편의 강도를 지옥에서 보다.

2014. 4. 4

수호천사가 나를 데리러 왔다.

나는 천국에 올라왔다 생각하였는데 천국이 아니라 내 눈에는 지옥이 보이기 시작했다.

벌거벗은 자들이 이리 뛰고 저리 뛰고 있었다.

큰불이 앞에 있고 수많은 영혼들이 불속에서 아우성을 치고 있었다.

그중에 주님이 돌아가실 때 왼편 강도가 있었다.

어떻게 그것을 알았냐면 그를 볼 때에 잠깐 순간적으로 주님이 십자가에 달린 모습 그리고 왼쪽 강도가 주님보고 막 욕하는 장면이 슬쩍 지나갔다. 그래서 나는 즉시 그가 그 왼편강도인 것이 알아진 것이다. 그가 불에 타서 얼굴이 잘 안 보였다.

그는 몸이 아주 건장한 자였다. 그가 이렇게 말을 한다.

"내가 그때 예수님을 알아보았었어야 했는데..."

그러지 못해서 자기가 지금 이렇게 고통을 당하고 있다고 했다.

"주여........."

나는 지금 주님과 함께 지옥의 맨 밑바닥에 와 있었다.

[마 27:38]

이때에 예수와 함께 강도 둘이 십자가에 못 박히니 하나는 우편에, 하나는 좌편에 있더라.

[눅 23:39-43]

(39)달린 행악자 중 하나는 비방하여 가로되 네가 그리스도가 아니냐 너와 우리를 구원하라 하되 (40)하나는 그 사람을 꾸짖어 가로되 네가 동일한 정죄를 받고서도 하나님을 두려워 아니하느냐 (41)우리는 우리의 행한 일에 상당한 보응을 받는 것이니 이에 당연하거니와 이 사람의 행한 것은 옳지 않은 것이 없느니라 하고 (42)가로되 예수여 당신의 나라에 임하실 때에 나를 생각하소서 하니 (43)예수께서 이르시되 내가 진실로 네게 이르노니 오늘 네가 나와 함께 낙원에 있으리라 하시니라

32

지상에서 못 다해 본 일을 천국에서 하게 하셔서 나를 위로하시는 하나님.

2014. 4. 3 (승마)
2014. 4. 5 (유람선)
2014. 4. 8 (아름다운 섬)

나는 요즘의 사람들, 즉 천국과 지옥 간증에 대하여 별로 관심이 없는 사람들에 대하여 많이 실망하고 있었다.

그러고 있는 나에게 주님은 나를 천국에서 위로하시는데 할렐루야. 정말 내가 지상에서 해보고는 싶었으나 돈이 없어서 혹 시간이 없어서 등등... 상황이 안 되어서 전혀 해보지 못한 일들을 차례로 천국에서 해보게 하여 주시는 것이었다. 할렐루야.

그것은 이렇게 차례로 일어났다.

주님이 처음에는 나로 승마를 하게 하셨다.

그 다음날에는 큰 유람선을 타게 하시고 그 다음날에는 나를 카탈리나 섬 같은 천국의 아름다운 섬으로 데리고 가신 것이다.

이 세 가지는 참으로 내가 지상에 살면서 꼭 해보고 싶었던 일이다.

이런 것을 보면서 참으로 우리 주님은 우리를 사랑하셔서 우리가 이 세상에서 하고 싶으나 못하여 본 일들을 개개인에 대하여 하늘나라에서 다 기록하고 있거나 아니면 기억하고 계신다는 말을 하고 싶은 것이다.

좋으신 하나님, 배려가 많으신 하나님, 우리의 머리끝에서부터 발끝까지 알고 계신 하나님! 그 하나님을 찬양합니다!

주님은 나에게 천국에서 천국과 지옥 간증 사역을 통하여 많은 영혼들이 구원받을 것을 말씀하셨다. 그러나 실제로는 사람들이 천국과 지옥 간증 사역을 해도 별로 관심을 보이지 않아 나는 무척 실망하고 있는 터였다.

한 예로 나와 가장 가까이 지내는 가족들까지 내가 천국과 지옥을 갔다 와서 간증한다하니 그런 이상한 이야기하지 말라고 하는 것부터 시작하여 천국과 지옥 이야기를 하므로 있던 성도들도 나가버리는 추세를 보였던 것이다.

주님은 이러한 나를 위로하시기를 원하셨던 것이다.

그래서 지상에서 평소에 내가 하고 싶었던 승마, 유람선 타기, 아름다운 섬에 가보기 등을 주님과 함께 천국에서 함으로 말미암아 나를 격려하려 하셨던 것이다.

할렐루야.

제일 먼저 주님이 내게 하게 하신 것은 승마였다.

지상에 있는 나의 기분은 요즘 같아서는 전혀 승마하고 싶은 기분이 아니었다. 그런데 기운이 아주 다운되어 있는 나에게 주님은 천국에서 평상시 내가 하고 싶었던 승마를 하게 하신 것이다.

내가 천국에 올라가니 주님은 벌써 말 두 필을 황금대로에 준비하여 놓으셨던 것이다.

그리고 주님은 내가 다른 한 말에 타게 하고 주님도 타고 둘이서 힘껏 달린 것이다. 얼마나 신났던지……

나는 한 번도 말을 타본 적이 없다. 그런데 천국에서는 어쩜 그렇게 말을 잘 타는지…. 정말 선수 같았다.

주님과 함께 말을 타고 달리는 동안 나는 너무 기분이 좋았다.

정말 기분이 날아갈 것 같았다. 그것도 나의 가장 사랑하는 주님과 함께 승마를 하는 그 기분이란…….

어디에도 비교할 수 없었다. 할렐루야.

그리고 주님과 나는 한참을 실컷 빠르게 달리다가 쭉 펼쳐진 들판이 나옴으로 말미암아 거기서부터 주님과 나는 천천히 말을 몰고 있었다.

나는 오늘 왜 주님이 이렇게 말을 준비하셔서 승마하게 하시는가 하고 궁금해 하니 주님의 마음이 알아졌는데 이렇게 말씀하시는 것이었다.

"네가 평상시에 승마 한번 하고 싶어 하지 않았니?"

할렐루야. 주님 감사합니다…………

그리고 나는 승마를 하고 천국에서 내려온 그날, 나는 이 사실을 기록하면서 이런 생각을 하였었다.

내가 천국에서 지상에서 못 해본 승마를 해본 것은 너무 좋은데

이러한 일은 나중에 다른 사람들에게는 간증거리가 될 수 없을 것 같은 생각이 들어서 조금 아쉬웠다.

그리고 주님은 그 다음날에도 나는 그렇게 해달라고 하지도 않았는데 내가 천국에 올라가자마자 유리바다에 떠 있는 엄청 크고 하얗고 아름다운 유람선에 나를 태우시는 것이었다.

아..... 얼마나 기분이 좋았는지....

나는 옛날에 누가 돈을 많이 들여서 2주정도 큰 유람선을 타고 휴가 갔다 왔다는 소리를 들을 때 참으로 그것이 부럽다는 생각을 한적이 있다. 나도 그럴 수 있었으면 하고서 말이다. 그러나 그렇게 할 수 없었던 이유는 첫째는 돈이 없어..... 둘째는 시간이 안 되어 해보지 못한 일이었다.

그런데 주님은 내가 요즘에 기분이 다운되어 있는 것을 아시고 평상시 해보고 싶어 하였던 유람선에 나를 태우신 것이다.

얼마나 기쁘고 감사한지.........

나는 얼마나 기분이 좋은지 그리고 마냥 즐거워했다.

그 유람선에는 크리스탈로 지어진 많은 방들이 있었고 그것도 여러 층으로 되어 있었다. 바다에서는 흰 상어가 위로 뛰어 올라왔다가 다시 내려갔다.

나는 주님께 물었다. "주님 제가 왜 오늘 이렇게 배를 타고 있지요?" 주님이 말씀하셨다.

"네가 평소에 이렇게 큰 유람선 타고 싶어 했지?"

할렐루야.

주님은 내가 지상에서 하고 싶어 하였던 것을 천국에서 하게 하셨다. 어제는 승마를 타게 하시더니 오늘은 평소에 하고 싶었으나 못해 보았던 큰 유람선을 타게 하신 것이다. 주님과 나는 중간 정도의 층에 있는 안밖이 온통 크리스탈로 된 방의 베란다 부위의 창문에 걸터 앉았다.

그리고 바다를 바라보면서 주님과 이런 저런 이야기를 나눈 것이다. 그렇게 나눈 이야기는 천국에서 내려오니 생각이 나지 않았다.

주님의 이러한 배려로 나는 더 이상 영이 다운되어 있는 자가 아니었다.

할렐루야.

나는 주님이 나를 깊이 아심과 그분의 계획하심이 정말 놀랍다는 생각이 들었다.

그리고 그 다음날에는 주님이 나를 아름다운 섬으로 데리고 가셨는데 나는 얼마 전에 카탈리나 섬을 한번 가 봐야할 텐데 하면서도 재정상 시간상 못가보고 있었다. 또한 평상시 많은 사람들이 코스타리카라고 하는 곳이 아름다운데 거기를 가보아야 한다고 했지만 머릿속으로 가고 싶다고만 생각했지 정작 가보지는 못하고 살고 있었다. 이곳도 모두가 아름답다고 하는 섬이다.

그런데 주님은 내가 천국에 올라가자마자 천국입구에서 저쪽에 매우 한 아름다운 섬까지 나무로 만들어진 아름다운 구름다리가 연결되어진 섬으로 나를 데리고 가시는 것이었다.

할렐루야.

주님과 나는 그 구름다리를 걸어서 가는 것도 아니고 날아서 가는 것도 아니고 그냥 미끄러지듯이 그 구름다리를 빠르게 건너 저 건너 아름다운 섬에 도착을 한 것이었다.

할렐루야.

그리고 주님과 나는 그 섬을 완전히 구경하기 위하여서는 위에서 보아야 할 것 같다고 생각하는 순간 구름이 와서 주님과 나는 구름을 타고 그 섬 전체를 돌아본 것이다.

그 섬에는 작은 도시가 형성되어 있었다.

누가 저기에 살고 있을까? 하고 궁금하여 하였지만 나에게 알려지지 않았다.

우리가 구름을 타고 섬을 보고 있는데 바다 저쪽 하늘에서는 풍선 바구니에 아기천사들이 여러 명이 타고서는 거기서 음악을 연주하며 우리 쪽으로 오고 있었다.

그리고서는 두 명의 어린 아기 천사가 우리 구름으로 옮겨 탔다. 그리고 연주를 했다. 나는 참으로 아름다운 광경에 감탄을 하지 않을 수가 없었다. 아, 너무 아름답다.

조금 있다가 토마스 주남이 우리가 탄 구름에 올라탔다.

주님이 토마스 주남을 부른 것이다.

왜냐하면 그동안 나에게 답변하여 주느라고 수고하였다는 것이다.

주님과 나 그리고 토마스 주남은 구름위에서 즐겁게 담소하였다.

그리고서는 내려왔다. 할렐루야.

주님은 영적으로 무척 다운되어 있는 나에게 이 모든 것을 차례대로 다 다른 날에 해보게 하셨다.

오늘은 승마 그 다음날은 유람선을 태우시고 그 다음날은 아름다운 섬으로 나를 데려가셨던 것이다.

이 세 가지 일을 주님이 나에게 해보게 하심으로 말미암아 지상에서 무척 다운되어 있던 내가 다시 살아나게 된 것이다.

할렐루야.

나는 주님이 나를 알고 계심이 참으로 놀랍다는 생각이 들었다.

사람들은 천국을 못 보니까 아니 안 보이니까 내가 천국과 지옥을 보고 간증을 하면 그것이 다 내 생각이 아니냐고 질문한다.

그것은 정말 아니다.

주님이 내게 3일 연거푸 내가 지상에서 하고 싶었던 일을 다 해보게 하신 이 일만 보더라도 나는 내가 확실히 천국을 보고 있음을 확신하지 아니할 수 없는 것이다.

내가 천국에서 승마를 하고 유람선을 타고 아름다운 섬에 간 것이 내 생각이 아니었고 주님이 미리 내가 천국에 올라오기 전에 먼저 준비하셔서 내가 하게 한 것이었다.

할렐루야.

내 의지가 아니었고 주님이 미리 준비하심이었다.

내가 천국 올라가자마자 내가 무엇을 할까 생각하기도 전에 주님이 미리 먼저 말을 두필 준비하여 두신 것이 그냥 보였고 내가 천국 올라가자마자 내가 무엇을 할까 생각하기도 전에 주님은 나에게 유람선을 타게 하셨고 그리고 그 다음날은 내가 천국에 올라가자마자 내가 무엇을 할까 생각하기도 전에 구름다리가 여기서부터 저기까지 연결된 것이 보이더니 그 구름다리는 유리바다를 건너 저 아름다운 섬으로 연결되고 있는 것이 그냥 보였던 것이다.

할렐루야.

천국을 본다는 것은 내 생각으로 이루어지는 것이 아니다.

내가 천국에 올라가서 무엇을 할까 생각도 하기 전에 주님이 미리 준비하셔서 나에게 보여주시고 경험하게 하신 것이었다.

할렐루야.

나는 이번 일들을 통하여 다시 한 번 주님이 나에게 내가 정말로 천국을 보고 있다는 것을 확신하게 하여 주셨다.

할렐루야.

나는 또한 안다. 주님은 이 일들을 통하여 또한 다운되어 있던 나를 다시 격려하시기를 위함이었다는 것도 안다. 할렐루야.

나는 나의 하나님 그분을 사랑하며 찬양한다.

또한 나의 주님이신 그 하나님을 온 마음으로 사랑하며 그분께 감사드린다.

33

종교 지도자 OO이
천국에 없는 것을 보다.

2014. 4. 9

OO에 대하여 정리하고자 한다.

주님의 보좌 앞에서 나는 OO을 보여 달라고 했다.

그러나 내 눈에 주님의 보좌 앞에 서 있는 천사들이 양쪽으로 늘어선 그 입구에서 들어 올 것이라 생각했던 OO은 들어오지 않았다.

그가 천국에 있으면 그 입구로 들어와야 한다.

왜냐하면 지금까지 천국에 있는 자들은 내가 주님께 그분을 보여 달라고 하면 그 입구에서 들어왔었으니까 그런데 나의 온 시야에 갑자기 사막 같은 곳이 보였다. 그리고 거기에 검은 수염이 난 자가 사냥꾼이 입는 옷 같은 허름한 옷을 입고 있었다.

나는 즉시 그가 OO이라는 것을 알았다.

또 한 번은 내가 천국에 올라가서 주님께 OO을 보여 달라 했다.

정원이 있는 벤치에 앉아서 말이다. 그랬더니 이번에는 그가 두 손이 묶인 채로 쇠사슬 같은 것으로 벌판 같은 곳에서 끌려가고 있었다. 그러나 그를 끌고 가는 자는 보이지 않았다.

단지 OO이 긴 옷을 입은 채 두 손이 묶여서 어디론가 끌려가고 있는 것만 보였다.

34
앞으로 펴낼 천국 지옥
간증 책 두 권에 대하여
회의실에서 의논하다.

2014. 4. 11

천국에 올라가는데 많은 방해가 있었다.

두세 번 시도하였으나 악한 영들의 방해가 심했다.

두 천사가 데리러 와서 천국에 올라가니 베드로가 먼저 주님과 함께 마중을 나와 있었다. 베드로가 이렇게 나와 있는 것이 나를 격려하기 위해서라 했다.

주님과 베드로는 나에게 생명수를 많이 먹였고 또 저번에 본 폭포수 물로 주님이 내 얼굴을 씻겼다.

두 분이서 나를 들어서 구름 없이 위로 45도 각도로 빠르게 날아갔다. 간곳은 주님의 보좌 앞이었다.

베드로가 주님 보좌 오른편에 섰다. 그는 악한 영들로부터 나를 보호하느라 오늘 따라 옷을 근엄하게 옷차림을 하고 있었다.

주님은 하얀 옷을 길게 입고 계셨는데 눈부시게 하얗다. 정말 빨아도 그렇게 하얗게 될 수가 없었다.

나는 보좌 앞에 바짝 엎드려 있었다.

에스더가 도착하여 베드로 옆에 섰다.

에스더도 날 격려하기 위해서 나타난 것이다. 그 다음 또 바울이 나타났다. 그리고는 사도요한이 왔다. 마리아도 왔다. 왜냐하면 그들은 다 나를 격려하기 위해 나타난 것이다.

'주여 제가 책을 써야 하나요?' 하는 질문을 나는 엎드린 채로 내 마음속으로 주님께 질문하였다. 그러자마자 내 앞에 전에 보던 두 책이 곽에 든 채로 갑자기 놓여졌다.....

하나는 녹색 책 껍질에 금장색 무늬가 있는 것이고 다른 하나는 빨간색 가죽 껍질에 금장색 무늬가 있는 것이었다. 이 두 책을 내가 써야 한다는 것이다.

옆에 있는 천사들이 금나팔을 불었다. 그리고 아기 천사들이 나타나 연주를 했다.

모두가 다 책에 대하여 의논을 해야 한다는 마음이 일치되었다.

그러는 순간 우리 모두는 늘 모여서 회의하는 회의실로 갔다.

제목에 대하여는 "이제도 있고 전에도 있었고 장차 올 자 예수 그리스도"라고 하는 것에 모두가 일치되었다.

제 일 권에 들어갈 내용에 있어서 먼저 마리아가 울면서 말한다.

"나는 너무 기쁩니다. 나는 아무것도 아닌데 사람들이 나를 올려놓습니다. 나는 평범한 인간이었을 뿐입니다. 그리고 그것을 사라가 책에 써서 알리는 것이 너무 기쁩니다." 라고 말하는 것이었다.

베드로는 자신이 죽는 것에 대하여 기뻐하였다는 것을 사라가 전하여 주는 것이 너무 감사하다 했다. 그 옆에 아브라함과 이삭이 하는 말이 자신들도 기쁘다 했다.

왜냐하면 믿음이라는 것이 무엇인지 자신들과의 대화를 통하여 전해지게 되어서...

할렐루야.

두 번째 책에 대하여서는 주님으로부터 받은 한국전쟁의 계시부터 시작한다. 그리고 여러 가지 지옥의 장면들이 있고 또한 천국에서 만난 토마스 주남의 이야기까지 들어 있다. 우리가 두 번째 책에 대하여 그렇게 모두 생각하고 있는데 벌써 토마스 주남이 와서 테이블에 앉았다.

우리 모두는 두 책 위에 손을 얹고 기도했다. 할렐루야.

주님은 이 책들이 박물관에 보관이 되겠지만 그것보다 그 책들이 지상에서 사람들에게 읽혀지는 것이 더 중요하다고 하셨다.

할렐루야!

35
나는 내 집으로 들어가는
황금대문을 처음으로 보다.

2014. 4. 13

주일 저녁에 기도 후에 천국에 올라갔다.

두 천사가 나를 데리러 왔다.

그들은 빵떡모자 같은 것을 쓰고 있는데 그 모자 대부분이 주황색이었고 그 테두리는 검은색이었다. 귀엽고 예뻤다.

그들이 흰 옷을 입고 있었기 때문에 그 주황색 모자는 더 선명하게 보였다. 그 모습이 참으로 예뻤다.

나는 오늘 따라 참으로 아름다운 마차를 타고 올라간다고 생각하고 타는데 마차가 오늘따라 하나하나 장식이 다 눈에 들어오는 것이다. 무척 아름다운 마차였다.

옥색깔에 황금색의 테두리들로 장식된........

오늘 따라 내가 마차에 앉는 순간에 나를 보니 내가 다이아몬드로만 된 면류관을 쓰고 있는데 그 면류관이 너무나 아름답다.

빛이 나면서.......

그리고 하얀색과 미색에 가까운 아름다운 드레스를 입고 있었다.

천국에 도착하니 주님이 나를 맞아주시는데 주님도 그 주황색 모자를 쓰고 계셨다.

나는 주님을 보자마자 너무 기뻐 활짝 웃었다.

그리고 주님과 나는 꼭 길이 얼음 같은 길에 서 있는 것이었다.

그리고 저기에 펭귄들이 보였다. 그리고 판다도 보였다.

어머, 여기가 어딜까?

그랬더니 그 판다가 나에게 다가와 빨간 색깔의 여러 장미꽃을 나에게 건네주는데 너무 선명하고 꽃들이 너무 예뻤다.

나는 너무 좋아서 까르륵거리며 주님을 쳐다보았다.

내가 전에도 말한 적이 있는데 천국에도 눈이 있다. 크리스마스 때가 되면 천국이 눈으로 덮인다. 그런데 그 눈은 전혀 추운 눈이 아니다. 그리고 천국에도 얼음판이 있다. 예를 들어서 피겨스케이팅을 할 수 있는 그러한 얼음판 말이다. 그런데 천국의 얼음판은 추운 것이 아니다.

주님과 나는 그 얼음판을 경쾌하게 걸었다.

한참을 걷다가 주님과 나는 어느 크고 웅장한 대문 앞에 이르렀다.

즉 장면이 바뀐 것이다. 나는 적어도 그렇게 생각한다.

주님과 나는 분명 얼음판 위를 걸었는데 갑자기 우리 앞에 크고 웅장한 황금대문이 나타난 것이다.

황금으로 된 큰 문이었는데 그 문은 참으로 아름다웠다.

그리고 그 꼭대기는 기와로 되어 있었다.

내가 알아지는데 가만히 보니 내 집이었다.

그 큰 황금 대문이 자동문처럼 양쪽으로 열렸다.

주님과 나는 집안으로 들어섰는데 길바닥이 옥색으로 되어 있고 그것들은 아주 예쁜 바위로 되어 있었다. 왼쪽 정원으로는 옆으로 청색의 맑은 물이 흐르는 시내가 있었고 또 그 앞쪽으로는 푸른 물이 담겨 있는 연못이 있었는데 그곳에서는 위로 솟구치는 분수대가 있어서 물이 위로 아름답게 솟아오르고 있었다.

거기는 빨간색의 잉어와 청색의 잉어가 은색의 비늘을 비추이면서 위로 경쾌하게 뛰어 오르는 것이 보였다.

그리고 그 연못 옆에는 이전에 두었던 눈물병 즉 눈물이 보석돌들로 변하여 이 눈물병에 담겨 있는데 이 병은 분홍색깔의 크리스탈로 된 유리병이었다. 그 높이는 약 1m 정도이고 이 눈물병은 긴 녹청색의 잎들 속에 놓여있어 꼭 꽃과 같은 모습을 하고 있어서 보는 순간 너무 아름다워 차라리 악- 하고 고함을 지를 것 같았다.

그리고 오른쪽 정원으로는 노란 꽃들이 만발하고 있었다.

현관문 앞에는 두 날개 달린 흰 옷 입은 두 천사가 우리 집 현관문 양쪽에 서 있으면서 우리를 맞아 주었다.

그런데 두 천사에게 아기들이 한 명씩 가서 안기는 것이었다.

둘 다 내 애였다. 얼마나 기뻤는지....

하나는 이전에 돌 때 입는 색동저고리 입은 사내애였고 또 하나는 얼마 며칠 전에 본 여자애였다.

그 두 명의 아이들과 그리고 주님과 나는 함께 집안으로 들어갔다.

나의 집 현관문은 황금으로 된 우유빛이 나는 아주 아름다운 문이었고 문 위에 지금까지 알지 못했던 아름다운 벨이 예쁘게 달려 있었다.

집안으로 들어서면 오른쪽 창가로 침실이 아름답게 놓여 있었다. 꼭 옛날에 여왕이 쓰는 침실처럼 너무나 장식들이 아름다웠다. 오늘 따라 왜 이렇게 선명하게 장식이 하나하나가 다 보이는지.....

내 입에서 감탄이 절로 나왔다.

거기에 아이들이 가서 뒹군다. 그들을 보살피는 보모들이 벌써 집안에 들어와 있었다.

집안의 더 안쪽으로는 오른편에 욕실이 있는데 그 욕실도 너무나 아름다웠다. 평상시에 나는 아름다운 욕실을 가지고 싶었다. 황금과 보석으로 장식되어 있는 거울이 너무도 예뻤다. 주여!

오늘 따라 너무나 총천연색으로 얼마나 하나하나 집안의 구조가 그렇게 또렷이 보이는지....감탄이 절로 흘러나왔다.

아..... 할렐루야!

거실에는 황금테이블과 황금의자들 그리고 저쪽 방에는 황금으로 된 피아노가 날개를 펴고 있는 것이 보였다. 아 얼마나 아름다운지..... 입이 다물어지지 않았다.

나는 그렇게 내 집을 한참 구경하고 즐거워하다가 내려왔다.

36

3일 전에 소천하신 동료 여자 목사님을 천국에서 보다.

2014. 4. 15

천국에 올라가자마자 짧은 단발머리에 얼굴이 둥그스레한 젊은 오00 목사님이 보였다.

그 목사님은 20대 정도의 젊었을 때의 청순한 모습이었다.

내가 궁금하여 할까봐 먼저 나타나신 것 같았다.

오00 목사님은 2014년 4월 12일 밤 11시경에 소천 하셨다는 소식을 그 남편 장로님에게서 들었다.

그리고 정확히 3일 후에 천국에서 내가 볼 수 있도록 나타나신 것이다. 그런데 남편과 나는 그분이 돌아가시기 바로 6일 전에 그분의 집에 찾아가서 주일 오후예배를 드렸던 것이다. 그리고 나서 6일 후에 돌아가신 것이다.

나는 그날 아무도 없는 데에서 그 목사님에게 돌아가시기 전에 주님께로 가시기전에 꼭 회개하여야 할 것들을 적어드리고 왔다.

그 목사님은 흔쾌히 적어준 것을 꼭 회개하겠다고 하신 것이다. 그리고 그렇게 했다고 나는 믿는다. 그리고 나는 그 목사님이 돌아가신 지 3일 후에 천국에서 본 것이다. 얼마나 감사한지........

그리고 갑자기 하얀 빛이 길 중앙에 나타나면서 내가 그 빛이 비치는 중앙에 있었다.

주위에는 많은 사람들이 있었고 나는 그 빛 한 가운데에서 주님으로부터 안수를 받았다. 이유인즉슨 나는 지상에서 집회시에 주님의 역사가 함께 일어나게 하여달라고 기도하고 있었다. 그리하였더니 오늘 주님은 천국에서 나를 빛 가운데 두시고 안수를 하여 주신 것이었다. 할렐루야.

37

주님은 남한의 인구 3/4이 아직도 예수를 모른다고 말씀하셨다.

2014. 4. 15

나는 두 번째로 천국에 올라갔다.

올라가자마자 주님 품에 내 얼굴을 그분의 옷자락에 묻고 울었다. 주님이 나를 아기처럼 옆에 앉혔다.

그리고 주님과 나는 갑자기 어떤 큰 수레 안에 있었다.

이 수레는 네 손잡이가 분명히 있었는데 아무도 그 수레를 들거나 하는 것이 보이지 아니하였으나 수레는 가고 있었고 그리고 그 수레는 꼭 기차가 가듯이 조금씩 덜커덩 덜커덩하였다.

그리고 그 수레 안은 꼭 기차의 침대칸을 연상케 했다.

얼마간 기분이 좋게 덜커덩 덜커덩하더니 아니 갑자기 수레 밑으로 한국의 남한의 수많은 집들과 빌딩들이 보이는 것이었다.

나는 놀라지 않을 수가 없었다.

아니 주님은 나를 그 수레에 태우고 지구로 데리고 오신 것이다.

즉 덜커덩 덜커덩한 것은 그 마차가 **빠른** 속도로 지구로 내려오고 있었던 것이다. 주여!

그런데 지구가 보이자마자 나에게는 주님의 아픈 마음이 전달되었다. '너 저기에 아직도 많은 남한의 사람들이 나를 모르고 있다는 것을 아니?' 하는 내용이 내게 전달되었다.

주님은 겨우 남한의 1/4 혹은 1/5만이 예수님을 믿고 나머지는 아직도 예수를 모르는 자들이라 하시는 것이었다. 그리고 그것에 대하여 무척 마음이 아파하시는 것이었다.

'주여! 정말 그러네요'

그리고 주님은 이 모든 것을 마음으로 알게 하시는데 내가 천국과 지옥 간증을 함으로써 남한의 많은 영혼들을 구원해야할 것도 알게 하셨다. 할렐루야!

"주님, 주님이 원하신다면 그렇게 하겠습니다."

그 순간 나는 '우리 남한이 아직도 예수 믿지 아니하는 자들이 인구의 3/4 혹 4/5를 차지하는 것을 불쌍히 여겨 주시옵소서.....' 라고 기도하였다.

38

주님은 어떻게 하면
내가 천국에서 왕권을
가질 수 있는 지를 보여주시다.

2014. 4. 16

　나를 천국에 데리고 가려고 황금 보석마차가 도착했다. 천사 한 명은 마부좌석에 앉아서 말을 몰고 또 다른 천사 한 명은 마차 바깥에서 나를 맞이하며 안내한다. 나는 마차 안으로 들어서는데 벌써 다이아몬드로 된 면류관을 쓰고 있고 또 아름다운 드레스를 입고 있음이 발견된다. 그런데 오늘따라 나를 천국으로 데리고 간 그 마차가 천국대문에 들어서서 천국 입구에 나를 내려놓는 것이 아니라 아주 크고 높은 궁전의 그 입구 안에 들어가서 바로 나를 내려놓는 것이었다. 할렐루야.

　그 궁전은 천정이 아주 높았는데 천정의 고딕스러움과 매우 아름다운 황금장식이 눈에 명백히 들어오는 것이었다. 나는 그 아름다움에 나의 입에서 감탄사가 절로 터져 나왔다. 와우...나는 거기 내려서 많은 사람들이 궁전 양쪽에 서 있는 것을 보았다.

그들은 주로 긴 흰 옷을 입고 있었고 어떤 자는 허리에 금으로 된 허리띠를 한 자들도 있었다. 그리고 독특한 것은 그중에 많은 이가 면류관을 쓰고 있었다. 어떤 이들은 금면류관을, 어떤 이들은 각종 보석면류관을…내가 들어오는 입구 쪽에서 왼편으로 선 자들 중에는 면류관을 쓴 다윗도 보였다. 그리고 나는 거기 있는 자들이 입구 쪽에서 들어오는 나를 환영하고 있음을 알았다.

그리고 저 앞쪽에는 주님의 보좌가 있었고 거기 양 옆에는 두 날개 달린 천사들이 보였다. 흰 날개를 가진 천사들과 청색깔의 날개를 가진 자들이 어우러져 있어서 그렇게 그들이 서 있는 모습이 아름다웠는데 그들이 그들의 날개를 펴고 있는 모습이 참으로 아름다웠다. 그러나 천사들의 옷 색깔은 다 희었다. 양쪽의 사람들로 하여금 환영을 받으면서 내가 들어와서 주님 앞에 엎드리자 그들은 모두 서서 나의 들어오는 것을 환영하다가 내가 엎드리자 그들도 각자 자신들의 의자에 앉는 것이었다. 나는 이들이 천사들이 아님을 확실히 알 수 있었다. 왜냐하면 주님 보좌 옆에 서 있는 천사들은 항상 서 있지 앉는 법이 없었다. 보좌 앞에서 엎드려 있는 나를 보고 다이아몬드 면류관을 쓴 자가 나는 그가 누군지 모르나 한 사람이 두루마리를 펴들고 읽었다. 즉 나보고 '이제도 있고 전에도 있었고 장차 올 자 예수 그리스도를 전할 자' 라고 읽는 것이었다.

그런 다음에는 언제 준비하여 두었는지 그 바로 다음 순간에 그 보좌 앞에서 나에게 왕복이 입혀지는 것이었다. 그때 양쪽에 앉아 있는 그들이 박수로 환호했다.

즉 내가 왕권을 가진 자가 되었다고 좋아하고 기뻐하여 주는 것이었다. 즉 내가 천국에서 왕권을 가지게 되는 이유가 이제도 있고 전에도 있었고 장차 올 자 예수 그리스도를 전함으로 말미암아 내가 천국에서 왕권을 가지게 될 것을 이렇게 주님 앞에서 미리 알려주고 있는 것이었다. 주여!

알게 하여 주시는 주님을 찬양합니다.

아하, 그리고 보니 내게 알아지는 것이 거기 모인 모든 자들이 천국에서 왕권을 가진 자들이라는 것이었다. 그리고 나는 오늘 여기 왕권을 가진 자들이 모이는 궁전에 온 것이었다. 할렐루야.

그리고 나는 그들 앞에서 주님이 앉는 보좌에 주님이 앉은 것을 보았다. 그리고 오늘 주님은 나를 그들 중에 한 명으로 인정하여준 것이다. 할렐루야. 아멘.

오늘 그래서 나를 태운 마차가 천국입구에 나를 내려놓지 않고 바로 이 궁전으로 나를 데려왔던 것이다. 할렐루야!

나는 두 번째로 천국에 올라갔다. 올라가자마자 전에 보았던 우물가에 내가 와 있었다.

거기는 두 날개달린 흰 옷 입은 천사들이 그 우물을 지키고 있었다.

천사들이 물을 길어서 나에게 주는 것을 마셨다. 그 우물 안에는 생명수가 있었다. 주님도 그 물을 마셨다. 왜 생명수가 생명수강가에 있어야 하는데 왜 우물 안에 있는가 하고 물으면 나는 할 말이 없다.

생명수 강가가 미치지 못하는 곳에는 이런 우물이 있는지도 모른다.

그리고 내 집에도 시내로 생명수가 흐르고 있다. 생명수강가에서 끌어와져서 다른 곳으로 보내고 또 내 집에도 있고 또 여기는 우물로 존재하는 것 같았다.

내가 천국에서 보는 것들은 내가 이 지상에서 보는 것들이 많이 있다. 우물도 그렇다. 지상에서 우물이 있는데 나는 천국에서도 우물을 보고 있는 것이다.

나는 그 우물에서 길어 올려진 생명수 물을 마시고 나니 주님은 내게 은색의 갑옷을 입고 칼을 든 두 명의 무장한 천사들이 구름위에서 나를 기다리고 있음을 알게 하여 주셨다. 그래서 나는 그들과 함께 지하터널을 깊이깊이 엘리베이터 타듯이 직선으로 내려갔다. 매우 캄캄한 터널이었다. 바닥에 도착했는데 문이 자동문처럼 열렸다.

그리고 그 안은 매우 큰 공간인데 벽이 흙으로 된 벽에 흙으로 만들어진 벽돌들이 촘촘히 박혀 있는 그런 모습을 하고 있었다.

그런데 이 안에서 무슨 일이 일어나고 있는지가 보이지 않았다.

나는 다음에 또 이곳에 와 보아야 하겠다고 생각하고 내려왔다.

39

주님은 종교 지도자 ○○이 천국에 없는 이유를 말씀하시며 산상수훈의 중요성을 강조하시다.

2014. 4. 17

천국에 올라갔다. 나는 주님께 물어볼 것이 많아 늘 가는 정원의 벤치로 가기를 원했다.

주님은 '오냐, 가자!' 하셨다.

주님과 나는 앞에는 정원이 있고 그리고 늘 가는 벤치에 함께 앉았다. 나는 물었다. '주님 오○○ 목사 보고 싶어요.' 라고 했더니 오○○ 목사가 금방 나타났다.

며칠 전에 잠시 보았던 모습 그대로이다.

그리고 그 다음은 토마스 주남이 나타났다.

그리고 나서 또 나는 우리 아버지가 나타나기를 원했다. 그랬더니 돌아가신 내 아버지가 내 앞에 나타났다.

아하… 그러면 '주님, ○○은요?' 하고 말했더니

○○이 안 나타났다.

그리고 나의 시야가 아무 것도 보이지 않고 내 시야에 온통 황토색
으로만 사방이 보였다. 그러더니 어떤 한 사람이 그 목에 옛날 우리
나라에서 사람을 감옥에 가두어 놓고 목에 무거운 긴 나무를 채워 놓
듯이 OO이 머리가 헝클어진 채로 그 길고 큰 나무판대기를 목에 걸
고 앉아 있으면서 소리를 지르고 있는 모습이 보였다. 주여!

"이놈들아! 이놈들아! 이것 안치워?
나를 왜 여기다가 두는거야? 나를 꺼내줘...."

그는 이를 뿌드득 갈고 있었다.
나는 '주님, OO이 왜 저기 가 있어요?' 하고 물었다.
주님이 대답하신다.
"그는 내가 한 말보다 자기 생각을 더 믿었단다.
한번 구원받으면 영원한 것이라고 믿었지...
내가 한 말을 그대로 믿지 않았지...
그는 내 말보다 사도 바울이나 다른 사람들의 말을 더 믿었지..."

주님이 말씀하신다.
"내가 한 말을 진짜로 믿고 다른 사람들의 말은 참고로 하라"하신
다. 그런데 많은 사람들은 주님의 말씀과 다른 사도들의 말을
같은 비중으로 보는 그것이 문제라 하신다. 주여!
그래서 그들이 하나님이신 주님이 하신 말씀과 다른 사도들이 한
말 선지자들이 한 말을 동일한 비중을 두고서 신학적인 교리를 세웠

으니 그것이 문제라 하신다.

하나님의 말씀은 천지를 창조하신 말씀인데 말이다.

사람의 말과 하나님의 말을 동일한 비중으로 두는 것이 문제라 하셨다. 그러시면서 '그것이 인간의 한계이지.......' 라고 말씀하신다.

그래서 내가 주님께 이렇게 말했다.

"주님이 인간을 그렇게 만드시지 않았습니까?" 하고.

주님이 말씀하신다.

"모두가 다 머리 굴리지 말고 내 말을 그대로 믿는데 있어서 다 어린아이들같이 되었으면 한다....."고.

나는 주님께 물었다.

"주님 그러면 저도 여기서 의문이 있어요."라고 했다.

주님 요한복음 6장에 '사람이 이 떡을 먹으면 영생하리라' 하였는데, 또 다른 곳에서는 '형제에 대하여 미련한 놈이라 하는 자는 지옥불에 던져지리라' 하였는데 주님 어느 것을 믿어야 하는지........

왜냐하면 주님의 떡을 먹은 자들이 형제에 대하여 미련한 놈이라는 말을 많이 쓰기 때문이다.

나는 이 말씀들이 어떻게 연결되는지를 물었다.

하나는 영생한다 하고 또 다른 한쪽은 지옥불에 던져진다 하니....

주님은 말씀하신다.

"그때 떡은 그냥 떡이 아니란다. 사람들은 나를 먹어야 하는데 말씀을 먹어야 하는데 즉 나를 먹는 자는 영생하리라 하는 말에는 그냥 예수만 믿는 것을 의미하는 것이 아니고 그 말씀이 우리 안에 들어와 우리가 그 말씀 앞에 굴복되어지는 삶을 사는 것을 내 떡을 먹는다'고 표현하셨다.

그런데 그들은 나를 먹지 않고 즉 말씀을 먹지 않고 그냥 입으로만 믿고 입으로만 먹는다고 말을 한다는 것이다.

주님은 말씀하신다.

"내 떡을 먹는 의미가 요한복음 15장에 나와 있는데 내 떡을 먹는 자"는 바로 내 안에 거하는 자임을 말씀하셨다. 할렐루야.

[요 15:5-6]

(5)나는 포도나무요 너희는 가지니 저가 내 안에, 내가 저 안에 있으면 이 사람은 과실을 많이 맺나니 나를 떠나서는 너희가 아무 것도 할 수 없음이라 (6)사람이 내 안에 거하지 아니하면 가지처럼 밖에 버리워 말라지나니 사람들이 이것을 모아다가 불에 던져 사르느니라

주님으로부터 떨어져 나온 가지는 주워서 불에 태운다 하셨다.
그런데 이 가지는 원래 포도나무에 붙어 있었다.

또 주님은 알곡과 쭉정이를 생각나게 하셨다.

[눅 3:16-17]

(16)요한이 모든 사람에게 대답하여 가로되 나는 물로 너희에게 세례를 주거니와 나보다 능력이 많으신 이가 오시나니 나는 그 신들메를 풀

기도 감당치 못하겠노라 그는 성령과 불로 너희에게 세례를 주실 것이요 (17)손에 키를 들고 자기의 타작마당을 정하게 하사 알곡은 모아 곡간에 들이고 쭉정이는 꺼지지 않는 불에 태우시리라

성경에는 '알곡은 곡간에 들이고 쭉정이는 다 모아서 꺼지지 않는 불에 태운다'고 했다. 이 꺼지지 않는 불은 영원한 불못을 말한다.

이 벤치에서 주님이 말씀하시는 것을 나, 그리고 내 육신의 아버지, 토마스 주남, 오00 목사 모두가 다 같이 조용히 듣고 있었다. 꼭 주님이 제자들을 데리고 산에 오르셔서 산상수훈을 말씀하시는 것 같은 그러한 분위기였다.
그리고 그 생각을 하고 있는데 주님이 말씀하시기를 "내가 너희에게 준 산상수훈에 귀를 잘 기울이고 들으라"고 말씀하신다.

[마 5:1-12]
(1)예수께서 무리를 보시고 산에 올라가 앉으시니 제자들이 나아온지라 (2)입을 열어 가르쳐 가라사대 (3)심령이 가난한 자는 복이 있나니 천국이 저희 것임이요 (4)애통하는 자는 복이 있나니 저희가 위로를 받을 것임이요 (5)온유한 자는 복이 있나니 저희가 땅을 기업으로 받을 것임이요 (6)의에 주리고 목마른 자는 복이 있나니 저희가 배부를 것임이요 (7)긍휼히 여기는 자는 복이 있나니 저희가 긍휼히 여김을 받을 것임이요 (8)마음이 청결한 자는 복이 있나니 저희가 하나님을 볼 것임이요 (9)화평케 하는 자는 복이 있나니 저희가 하나님의 아들이라 일컬음

을 받을 것임이요 (10)의를 위하여 핍박을 받은 자는 복이 있나니 천국이 저희 것임이라 (11)나를 인하여 너희를 욕하고 핍박하고 거짓으로 너희를 거스려 모든 악한 말을 할 때에는 너희에게 복이 있나니 (12)기뻐하고 즐거워하라 하늘에서 너희의 상이 큼이라 너희 전에 있던 선지자들을 이같이 핍박하였느니라......

그리고 주님이 말씀하시기를 이 산상수훈의 내용을 잘 보라는 것이었다. 그리고 우리에게 그대로 행하여야 한다고 말씀하셨다.

할렐루야!

주님과 우리가 이렇게 대화하고 있는 동안 지상에 있는 나의 두 팔과 두 손이 아주 무겁고 납덩이같이 계속 느껴졌다.

그것이 의식이 되어져서 아플 정도로.........

내 눈에는 눈물이 흐르고 있었다.

종교 지도자 OO이 천국에 없다는 사실 앞에......

그리고 우리가 여태까지 무엇을 중요하게 생각하고 왔는지에 대한 회의가 몰려오면서 이제부터는 주님이 하신 말씀을 다른 사람들의 말 위에 두어야 한다는 것을 명심해야 한다.

사람들은 신학적 교리 특히 종교 지도자 OO 교리에 목숨을 맨다.

한번 받은 구원은 영원한 것이라고......

그러므로 주님이 하신 말씀을 자연스럽게 경홀히 여기게 된다.

그리하여 하나님의 말씀을 지키지 않아도 다 천국 들어가는 줄 안다. 예수만 믿으면....... 그런데 아니다.

이것이 OO 교리의 잘못된 가르침이다.

그래서 많은 자들이 천국에 못 들어가는 것이다.

나는 내 눈에서 흐르는 눈물을 막을 수가 없었다.

그래서 많은 사람들이 지옥으로 가는 것이구나……

주님이 하신 말씀을 경홀히 여겨서 말이다.

모두에게 굿바이 인사를 하고 나는 지상으로 내려왔다.

주님이 하신 말씀 앞에 자신을 두고 굴복시키지 않는 자는 결코 천국에 들어가지 못한다.

[마 7:21-27]

(21)나더러 주여 주여 하는 자마다 천국에 다 들어갈 것이 아니요 다만 하늘에 계신 내 아버지의 뜻대로 행하는 자라야 들어가리라 (22)그 날에 많은 사람이 나더러 이르되 주여 주여 우리가 주의 이름으로 선지자 노릇하며 주의이름으로 귀신을 쫓아 내며 주의 이름으로 많은 권능을 행치 아니하였나이까 하리니 (23)그 때에 내가 저희에게 밝히 말하되 내가 너희를 도무지 알지 못하니 불법을 행하는 자들아 내게서 떠나가라 하리라 (24)그러므로 누구든지 나의 이 말을 듣고 행하는 자는 그 집을 반석 위에 지은 지혜로운 사람 같으리니 (25)비가 내리고 창수가 나고 바람이 불어 그 집에 부딪히되 무너지지 아니하나니 이는 주초를 반석 위에 놓은 연고요 (26)나의 이 말을 듣고 행치 아니하는 자는 그 집을 모래 위에 지은 어리석은 사람 같으리니

(27)비가 내리고 창수가 나고 바람이 불어 그 집에 부딪히매 무너져 그 무너짐이 심하니라

[눅 10:17-20]

(17)칠십인이 기뻐 돌아와 가로되 주여 주의 이름으로 귀신들도 우리에게 항복하더이다 (18)예수께서 이르시되 사단이 하늘로서 번개 같이 떨어지는 것을 내가 보았노라 (19)내가 너희에게 뱀과 전갈을 밟으며 원수의 모든 능력을 제어할 권세를 주었으니 너희를 해할 자가 결단코 없으리라 (20)그러나 귀신들이 너희에게 항복하는 것으로 기뻐하지 말고 너희 이름이 하늘에 기록된 것으로 기뻐하라 하시니라

[살전 5:23]

평강의 하나님이 친히 너희로 온전히 거룩하게 하시고 또 너희 온 영과 혼과 몸이 우리 주 예수 그리스도 강림하실 때에 흠 없게 보전되기를 원하노라

40
주님이 세월호에
대하여 말씀하시다.

2014. 4. 18

천국에 올라가는 마차가 나를 데리러 왔을 때에 그 주위에 이미 아기천사들이 무척 많이 와 있었다. 그래서 나는 그들과 함께 천국으로 올라갔다.

천국에 도착하니 크고 넓은 구름이 나에게 다가왔고 거기에 내가 올라탔으며 주님은 벌써 그 구름위에 계셨다.

그리고 나와 같이 올라온 그 아기천사들이 줄줄이 같이 타고 날아갔다. 보통 때는 주님과 내가 탈 만큼 작은 구름이 오는데 오늘은 크고도 넓은 구름이 온 것은 바로 이 아기천사들도 같이 태우기 위함이라는 사실이 알아졌다.

그리고 우리는 그 구름을 타고 저 위로 먼 곳에 보이는 빛나고 깨끗한 크리스탈성으로 날아갔다.

이 성은 먼 곳에서 볼 때는 하얗게만 보였는데 가까이 갈수록 이 성 전체가 크리스탈로 된 건물이라는 것을 알 수 있었다. 바깥으로 보이는 건물의 모양은 뾰죽뾰죽한 탑 모양의 크리스탈로 된 건물들이 다 키가 다르게 옆으로 앞뒤로 줄지어 선 것과 같은 모양이다.

이 크리스탈로 된 성은 참으로 아름다웠다.

그 내부로 들어가는 입구는 매우 크고 높았다.

그곳으로 먼저 아기천사들이 줄지어서 양쪽으로 날아 들어갔다.

그리고 주님과 내가 곧 그 뒤를 따라 들어갔다.

주님은 그 성안에 앞에 가서 서셨다.

그리고 그 성안에는 흰 옷 입은 많은 아이들이 있었다.

그들은 양쪽으로 쭉 서 있다가 하나씩 나아와 주님께 인사를 했다.

아기천사들이 주님 앞에 큰 테이블을 가져왔고 그리고 그 위에 많은 사탕들을 갖다 놓았다.

그리고서는 그 아기천사들이 조그만 바구니에 그 사탕을 담아서 각 아이들에게 나누어 주었다. 아이들은 이 사탕바구니를 받고 무척 좋아하였다.

그 다음에는 주님이 그 홀 가운데 서시고 아이들이 주님 주위로 강강수월래를 하듯이 원을 그려서 서로 손을 잡고서 노래를 불렀다.

아기천사들은 역시 주님머리 위쪽으로 공중에서 원을 만들어 노래를 불렀다. 오! 할렐루야! 이 광경은 너무나 아름다웠다.

나는 거기서 구경꾼으로 있었다.

주님이 한참 그렇게 아이들과 노시다가 나와 함께 그 아이들에게 인사를 하고 그 성을 나왔다.

그리고 그 다음 우리가 간 곳은 주님의 보좌가 있는 곳이었다.

나는 주님 보좌 앞에 엎드려 있었고 그리고 나는 최근에 한국에 재난을 당한 세월호에 대하여 울면서 주님께 묻고 있었다.

"주님, 세월호는 어떻게 하여 그렇게 물에 잠기게 되었는지요?"

그때 주님은 그에 대한 대답으로 바다에서 일어나는 모든 일을 주님이 주관하신다는 것을 생각나게 하여 주셨다.

그 구절은 시편 107편에 나와 있다.

[시 107:23-27]

(23)선척을 바다에 띄우며 큰 물에서 영업하는 자는 (24)여호와의 행사와 그 기사를 바다에서 보나니 (25)여호와께서 명하신즉 광풍이 일어나서 바다 물결을 일으키는도다 (26)저희가 하늘에 올랐다가 깊은 곳에 내리니 그 위험을 인하여 그 영혼이 녹는도다 (27)저희가 이리 저리 구르며 취한 자 같이 비틀거리니 지각이 혼돈하도다

그래서 나는 그 성경구절을 생각하고 있는데 주님은 대뜸 나에게 이렇게 말씀하시는 것이었다.

"내가 엎었다."라고 말이다. 주여!

주님은 말씀하신다.

'나는 한국의 크리스천 부모들이 자신의 아이들에게 학교공부는 너무나 열심히 가르치는 반면에 정작 나에 대하여는 별로 그렇게 관심을 갖도록 하지 않은 것에 대한 경고'라고 말씀하신다.

부모들은 그 아이들이 언제 죽을지 모르는데 아이들에게 공부만 시키고 있다는 것이다. 그러나 그보다 먼저 나를 믿게 하여 언제 죽어도 천국갈 수 있게 하는 것이 더 중요함을 이번에 그들에게 보여준 것이라 말씀하시는 것이었다.

그리고 특히 한국에 전쟁이 일어나면 이번에 세월호에서 죽은 300명의 아이들이 아니라 훨씬 더 많은 숫자의 아이들이 죽게 될 것인데 이것에 대한 경고임을 알게 하여 주셨다.

오 마이 갓! 내 생각에는 아마도 그 세월호 사건이 북한 소행으로 북한 탓을 하려고 했는데 주님은 말씀하시기를 주님 자신이 엎으셨다고 말씀하시는 것이었다.

아, 그렇다. 이 일을 어찌하면 좋단 말인고.......

한국의 부모들이여 깨어나라!

속히 아이들을 인본주의로 키우지 말고 신본주의로 키워야 한다.

주님! 한국의 크리스천 부모들을 용서하여 주시옵소서......

＊ 부연설명 : 항상 아이들과 관련된 문제가 천국에서 논의될 것 같으면 아기천사들이 보였다. 그리고 주님은 또한 아이들이 있는 크리스탈성으로 나를 데리고 가셨다.

세월호 사건도 아이들과 관련된 사건들이었다.

주님은 내가 세월호에 대하여 질문할 것을 아시고 아이들과 관련된 것을 천국에서 보게 하신 것이라 볼 수 있다.

41

주님이 내게
금고 열쇠를 주시다.

2014. 4. 18

두 번째로 천국에 올라갔다.

주님의 약간 위쪽 옆으로 예쁜 무지개가 보였다.

그리고 주님은 초원에 양들이 모여 있는 곳으로 나를 데리고 가셨다. 그리고 주님은 내게 말씀하시기를 "너도 내 양이었다" 라고 하셨다. 주여!

주님은 양들을 시냇가에서 물을 먹이시고 있는데 한 마리의 양이 다리를 분질러 왔다. 주님이 앉으셔서 그것을 싸매어 주신다.

그러시면서 하시는 말씀이

"너도 이렇게 하라. 너에게 오는 영혼들에게……"

하시면서 "네 이름이 무엇?" "네 사라입니다."

그렇다 내 이름의 뜻은 '열국의 어미'라는 뜻이다.

주님은 말씀하신다. "내가 너의 재정의 필요한 모든 것을 채우리라. 그리하니 그들을 먹이고 돌보면서 그들을 바르게 인도하라"라고 말씀하시면서 주님은 내게 금고 열쇠를 주셨다.

즉 네가 필요하면 얼마든지 천국의 금고를 푸시겠다는 것이다.

할렐루야! 아멘.

42
주님이 곧 오시는 것을
듣게 하시다.

2014. 4. 19

천국에 올라가자마자 유리바다위에 있는 큰 유람선에 주님이 나를 태우셨다.

전에처럼 유람선에는 여러 층의 객실이 있는데 꼭 호텔처럼. 그 층 수가 15층이 넘는 것 같았다. 주님은 나를 그 중간정도에 있는 층의 객실로 인도하셨다. 거기는 저번에도 주님과 함께 왔던 객실이었다. 그 객실은 크리스탈로 되어 있었다.

나는 창문가에 앉아서 주님과 오순도순 얘기를 나누고 그 객실 안으로 들어갔는데 그 객실안의 중앙에는 크고 긴 테이블이 놓여 있었고 거기에 벌써 믿음의 선진들이 많이 와 있었다. 할렐루야.

주님이 먼저 테이블 끝 중앙에 앉으시고 주님의 왼편으로는 첫째 바울이 앉고 그 다음 베드로 그 다음 도마 그리고 빌립 그리고 안드레가 앉았다.

주님의 오른쪽에는 마리아, 다윗, 바돌로매, 모세, 아브라함과 이 삭이 앉았다. 그리고 이쪽 테이블 끝에는 내가 앉았다.

즉 주님과 내가 긴 테이블의 저쪽 끝 이쪽 끝에서 마주보고 앉은 것이다.

오늘따라 이렇게 좌석배치가 되는 것이 처음이었고 나에게는 색 달라 보였다.

이러한 상태에서 이야기가 오고 갔는데

주님이 곧 오신다는 것이다.....

할렐루야!!!

43
주님이 금고 열쇠를
빼앗아 가시다.

2014. 4. 21

아침에 기도한 후에 천국에 올라가자마자 주님이 내 손에서 열쇠를 뺏으셨다. 나는 천국에 올라가자마자 내 손에는 며칠 전에 주님으로 받았던 금고열쇠가 있는 것이 보였다. 그런데 주님이 그 금고열쇠를 가져가 버리시는 것이었다. 즉 빼앗아 가시는 것이었다.

나는 당황했다. 왜 가져가시지?

그러자 나는 금방 그 이유가 알아졌다.

그것은 이렇게 일어났다. 어제 주일날 케냐 선교사가 왔다. 나이는 약 42세 풀러에서 박사학위를 마치겠다고 아프리카에서 2년 선교하다가 돌아온 것이다. 그런데 그의 상황이 가난했다. 남의 집 거실에서 얹혀서 살고 있다고 하였다. 그래서 고양이 소리 때문에 잠을 잘 못 잔다고 했다. 그런 이야기를 들을 때에 나에게 그를 도와줘야겠다는 생각이 하나님으로부터 들어왔는데 나는 그것을 거절하여 버렸었다.

어떻게 보면 바로 엊그저께 나에게 주님이 초원의 양들을 보여주
시면서 '네가 열국의 어미로서 너에게 오는 영혼들을 잘 돌보기를 원
하신다'고 하셨다. 그러시면서 나에게 하늘의 금고열쇠를 주셨는데
내가 그를 어제 도울 생각을 스스로 막아 버린 것이었다.

그래서 나는 이것을 즉각 회개하여야 한다는 것을 알았다.
그래서 회개하기 시작하였다. "주여 이 부족하고 미련한 종을 용서
하여 주시옵소서........"
나는 주님 앞에서 무엇이 잘못되었는지 즉각적이고 구체적인 회
개를 했다.
할렐루야. 즉 그를 도와주기로 마음을 다시 먹은 것이다.

44
주님이 금고 열쇠를
다시 주시다.

2014. 4. 21

저녁에 나는 천국과 지옥 간증 집회를 하면서 다른 사람들도 천국을 볼 수 있도록 선포하여 놓고 나도 천국에 올라갔다. 나는 아침에 주님께 금고열쇠를 뺏겼으므로 나는 회개할 거리를 정확히 찾아야 했고 그리고 알아냈는데 그것은 아프리카 선교사를 도와야 하는 것이었고 나는 그것에 대하여 철저히 회개하였었다.

즉 부족하지만 그를 한 달에 몇 백 불씩 도우기로 한 것이다.

그러고 나서 천국에 올라갔는데 나는 주님을 보자마자 주님의 옷자락에 파묻히면서 마냥 울었다. 잘못했다고.......

그랬더니 주님은 다시 나에게 그 하늘의 금고열쇠를 주시는 것이었다. 할렐루야. 주님 감사합니다.

그러고 나서 막달라 마리아가 와 있었다.

막달라 마리아와 주님과 나는 같이 구름을 타고 인간창조역사관으로 간 것이다.

주님의 부활장면이었는데 무덤 속에는 주님이 없고 그를 감고 있었던 강포만 개어져서 무덤 속에 있고 막달라 마리아는 바깥에서 주님이 '마리아야!' 라고 부를 때까지 그를 알아보지 못하였다. 그 장면이 인간창조역사관에 그림으로 그려져 있었다.

나는 그것을 보고 있다가 주님께 막달라 마리아의 집에 가보고 싶다고 했다. 그랬더니 주님과 나 막달라 마리아는 그녀의 집으로 갔다. 그 집에는 먼저 폭포가 내려오고 있었는데 그 폭포수 물은 바로 생명수의 물이었다. 그리고 막달라 마리아의 집은 모두가 다 크리스탈로 되어 있어서 너무 아름다웠다.

바깥 현관에는 땡그렁 땡그렁 하는 소리 내는 장식들이 달려 있었다. 우리는 집안으로 들어가 테이블에 앉았는데 방안의 모든 것들도 다 크리스탈이었다. 할렐루야.

우리는 테이블에 앉았다.

막달라 마리아가 나에게 먼저 말을 했다. 나보고 주님의 죽으심 말고 이제는 부활에 대하여 더 많이 전하라고 했다.

아하, 왜 오늘 내가 막달라 마리아를 만나게 되었는지 그 이유가 알아졌다. 예수님의 죽으심보다 이제 부활에 대하여 더 많이 증거하라는 것이다. 할렐루야.

이미 크리스천들은 주님이 그들을 위하여 십자가에 죽으신 것을 알고 있으니 이제는 그들에게 천국에 소망을 가질 수 있도록 부활에 대하여 많이 증거하라는 것이었다. 할렐루야. 아멘.

그래 맞다. 나는 이제 그들이 천국에 소망을 두고 살 수 있도록 그렇게 하여야겠다고 생각하고 내려왔다.

할렐루야. 깨우치고 가르쳐 주시는 주님을 찬양합니다.

45

천국에서 하나님을 찬양하는 악대와 '찬양하라 내 영혼아'를 부르는 흰 옷 입은 무리들을 보다.

2014. 4. 22

나는 천국에 올라가자마자 주님의 보좌가 있는 곳으로 갔다.

주님의 보좌 양옆으로 천사들이 쫙 늘어섰는데 저 입구에서 주님을 찬양하는 악대가 앞으로 나팔을 불면서 빰빠라ˇ빰, 빰빠라ˇ빰 하면서 힘 있게 발을 맞추어 가면서 들어왔다. 아주 큰 행렬이었다.

그런데 갑자기 주님의 보좌가 저 밑으로 푹 내려가는 느낌이 나면서 갑자기 무지무지한 큰 광장에 주님의 보좌가 내려가는 것이었고

그리고 그 악대는 그 광장의 중앙에서 계속 빰빠라ˇ빰. 빰빠라ˇ빰 하고 연주를 하고 있었다. 그리고 그 주위에는 수많은 흰 옷 입은 무리들이 그 악대를 중심으로 옆으로 많이 서 있었는데 그 끝이 잘 안보일 정도로 많았고 그리고 그들은 '찬양하라 내 영혼아'를 부르고 있는 것이었다. 이 광경은 참으로 표현할 수 없을 정도로 멋있었다.

그 중앙에서는 악대들이 빰빠라ˇ빰, 빰빠라ˇ빰 하고 계속 연주를

하고 있는 반면에 그 양옆으로는 수많은 흰 옷 입은 무리들이 '찬양하라 내 영혼아'를 부르고 있는 그 장면은 참으로 멋있었고 참으로 평안하였고 참으로 황홀하였다. 할렐루야!

나도 찬양하라 내 영혼아를 따라 불렀다. 그들은 그것을 두 번 연거푸 부르는 것이었다. 할렐루야.

내 영혼은 이들과 함께 너무 기뻐하였다.

나는 거기서 그렇게 한참을 있다가 주님과 나는 다시 구름을 탔다.

그런데 그 구름위에 한 마리의 무섭게 생긴 마귀의 부하가 한 마리 타는 것이었다.

얼굴도 흉악하였고 몸이 얍삭하게 생겼는데 징그럽게 거기에 꼬리도 달렸고 그리고 창을 들고 있었다. 나는 그를 보기만 보아도 무서움과 공포가 왔고 싫었다.

나는 순간 내 눈을 의심하였다. 아니 내가 천국에서 마귀의 부하를 보다니.... 그것도 주님 옆에서.....

나는 이해가 안 간다고 생각했다.

그리고 나는 그 순간 무서워 주님께로 바짝 다가섰다. 내 마음 속으로는 그가 제발 내렸으면 하였으나 안 내리는 것이었다. 나는 순간적으로 그가 루시퍼인가 하였더니 아무리 봐도 루시퍼는 아니었다.

주님이 나에게 말씀하셨다.

"사라야, 너는 이것을 이겨야 한다."

아하, 주님이 이 마귀의 부하를 나에게 보여 주시면서 내가 이를 이겨야 한다고 말씀하시는 것이었다. 이것은 이 마귀의 부하가 나의 삶에 무슨 짓을 저지를 것을 알려 주시는 것이었다. 그리고서는 내 삶에 아주 괴로운 사건이 터졌다. 이 마귀의 부하가 관여한 것이다. 그런데 주님은 이를 내가 이겨야 한다고 천국에서 미리 보여주신 것이었다. (나중에 이 마귀부하는 나의 인간관계속에서 나를 무척 괴롭혔다)

그리고 주님과 나는 천국 입구에 왔다.

나는 거기서 주님께 종교 지도자 OO을 다시 보여 달라고 했다.

그리하였더니 OO이 보이는데 마귀의 부하들이 그를 목에 채웠던 무거운 나무를 치우고 그 다음에는 OO만을 위하여 만들어 놓은 불구덩이에 그를 집어넣는 것이었다.

OO이 그 불속에서 외치고 괴로워하였다.

주여! 아니 혼자 들어가는 불못이 있다니.....

OO이 그곳에 들어가서 고통을 받는 것이었다.

그리고 나는 다시 주님의 보좌 앞에 와 있었는데 최OO 목사님에 대하여 물어 보았다. "그가 어디가 아픈 것이냐고?"

주님은 그가 영적 문둥병에 걸려 있다고 하셨다. 한쪽으로만 치우쳐 있는........

그리고 주님이 나에게 '그를 가까이 하지 말라' 하신다.

내가 그와 가까이 하면 내가 다칠 것이라 말씀하신다.

지금은 가까이 할 때가 아니라고 말씀하셨다. 아멘. 할렐루야.

46
주님은 한국이 전쟁으로 초토화될 것을 다시 말씀하여 주시다.

2014. 4. 24

　황금마차를 타고 두 흰말을 끄는 한 천사 그리고 수레바깥에서 나를 수호하는 천사 두명이 나를 데리고 천국으로 올라갔다.

　오늘 처음으로 천국 입구에 있는 큰 황금보석 진주대문이 보인다.

　앞에서 두 천사가 문을 양쪽으로 열어주고 나를 태운 마차는 황금 길 대로 옆에 나를 내려놓는다. 이 문 앞에 있는 두 천사는 두 날개가 달려 있는 천사들이다.

　주님이 나를 맞아주셨고 길 양쪽으로 수많은 사람들이 있었고 주님옆에 서 있는 몇 사람이 나를 환영하면서 악수를 청한다.

　나와 주님은 그 황금대로 길을 같이 나란히 걸었다.

　내 머리에 언제 쓰였는지 면사포 같은 것이 머리 뒤로 길게 땅에 끌리고 있었다.

　길 양옆의 사람들은 셀 수없이 많았고 박수를 치면서 나를 환영하는 것이었다. 나는 너무 기분이 좋아 입이 한껏 벌어졌다.

주님과 나는 그렇게 신랑과 신부처럼 길을 걷다가 구름을 탔다.
한참을 날았는데 저 밑으로 수많은 집들이 보인다.
한국이다.
주님은 곧 이곳이 초토화될 것이라는 것을 알게 하여 주신다.
주여!
그러자 내게 곧 '돌 위에 돌 하나도 남지 않고 다 무너뜨리어지리
라' 하는 말씀이 생각났다.
즉 주님이 한국이 전쟁으로 인하여 초토화될 것을 말씀하신 것이
다. 주여!

[막 13:2]
**예수께서 이르시되 네가 이 큰 건물들을 보느냐 돌 하나도 돌 위에 남
지 않고 다 무너뜨려지리라 하시니라**

47
한국을 새롭게 하시겠다고
말씀하시다.

2014. 4. 24

그리고서 두 번째 천국에 올라갔다.

내가 황금보석 마차를 타고 두 천사와 함께 두 말이 끄는 수레가 황금대문 앞에 도착하니 황금대문 앞에 서 있는 두 천사가 나에게 '하이, 사라!' 하면서 황금보석 진주대문을 양 옆으로 활짝 열어준다. 수레에서 내리는 나를 주님이 반겨 맞아 주셨는데 흰 옷 입은 많은 무리는 보이지 않았다.

그런데 갑자기 주님과 내 앞에 아름다운 돌계단이 서너 개 놓여 있는 것이 보였다. 꼭 넓고 가파르지 않은 언덕을 올라가는 듯한 계단인데 주님과 내가 그곳을 올라갔다. 그랬더니 문이 하나 있는데 그 안으로 들어섰다.

문 안으로는 매우 넓고 넓은 꽃밭이 보였다.

꽃 안쪽은 짙은 분홍색 그리고 꽃 바깥쪽은 흰색인 꽃이 만발하여 있었다. 또 조금 가니 진 붉은 작은 꽃들이 초록색의 잎과 대조되어 만발하고 있었고 또 주황색의 꽃과 하늘색 꽃 등이 만발하고 있었다. 오.... 너무 아름답다!

이틀 전에 샌디애고의 조카 집을 방문한 남편이 시집식구들과 조카사위하고 넓고 넓은 꽃밭에 갔다고 하기에 나도 그런 꽃밭에 한 번 가보았으면 하고 마음을 가졌었는데.......

주님이 내 마음을 아시고 이 천국의 아름다운 꽃밭에 나를 데리고 오신 것이다. 주님은 나의 신음소리까지 다 듣고 계셨다.

천국에서 보는 이 꽃밭은 남편이 카톡 사진으로 보내온 그 꽃밭보다 훨씬 더 아름다운 곳이었다. 사실 그 아름다움은 비교가 안 되었다. 아아.... 너무 아름다워! 하는 감탄사가 절로 나왔다.

하여간 주님은 내가 지상에서 못 해본 것 다 천국에서 해보게 하신다. 지상에서 하는 것보다 천국에서 하는 것이 훨씬 더 좋았다.

할렐루야.

그리고 그 꽃밭에 길이 나 있었는데 주님과 나는 그 길을 걷고 있었다. 그 때에 우리를 태우기 위한 마차가 오고 있었는데 그 마차는 지붕이 없고 좌석이 오픈되어 있고 마차를 모는 자가 없었다. 주님과 내가 그 마차에 타자 그 마차는 그냥 우리를 태우고 굴러갔다.

그 마차를 타고 주님과 나는 어느새 회의실 앞에 와 있었다.

회의실로 들어서니 주님은 주님의 자리에 앉으시고 바울이 주님의 왼편에 앉고 그 다음은 내가 앉고 그 다음은 베드로가 앉았다.

주님의 오른편에는 마리아가 먼저 앉고 그 다음 안드레, 그리고 도

마와 빌립이 와서 앉았다.

그리고 테이블 위에는 한국 지도가 놓여 있었다.

주님이 말씀하신다.

"나는 이 나라를 사랑한다"고.......

우리나라 지도에는 38선이 안 보이고 남북이 그냥 하나다.

그리고 말씀하시기를 전쟁을 일으켜서 이 나라를 새롭게 해야 한다고 말씀하시는 것이었다. 그러시면서 '누가 여기에 대하여 반대하는 자 있냐고' 물으신다.

그 말씀에 어느 누구도 아무도 반대한다고 하는 자 없었고 침묵이 다소 흘렀다. 어느 누가 감히 하나님의 뜻에 반대할 수 있겠는가?

그런데 나는 슬펐다. 그때 바울이 내 손을 꼭 잡아 주었다. 나보고 슬퍼하지 말라는 뜻이었다. 그리고 모든 것이 다 잘 될 것이라는 것이었다.

나는 슬펐지만 어찌할 수 없었다.
어느 누구도 그분의 뜻에 반대할 수 없었다.
모두가 다 입을 꼭 다물고 있었다.
그것은 모두가 다 하나님의 뜻에 동의한다는 의미였다.
나만 슬프다.
주여!.......

48

나는 처음으로 유리 바닷가의 모래가 다 금가루인 것을 알게 되다.

2014. 4. 24

저녁에 천국에 올라갔다.

이제는 황금마차를 가지고 나를 데리러오는 두 천사 외에 천국 대문을 지키고 있는 두 천사가 또렷이 잘 보인다.

나를 태운 수레는 황금대문을 통과하여 황금대로 왼편에 도착하였다. 내가 내릴 때에 꼭 투우사가 입는 듯한 옷을 입은 천사가 나의 손을 잡고 내려서 나를 황금대로 우편에 있는 주님께로 인도하였다. 주님은 긴 흰 옷을 입고 계시면서 나를 반가이 맞아주셨다.

주님께로 가자마자 주님이 나를 구름에 태우시고 '따라오너라' 라고 말씀하신다. 우리가 곧 도착한 곳은 유리바닷가의 모래사장이었다.

유리바다에는 이미 큰 유람선이 떠 있는 것이 보인다.

모래 저쪽으로 황금 길이 나 있었는데 이제 보니 유리바닷가의 모래가 다 금으로 되어 있었다.

전에 보던 불가사리도 다 보석으로 되어 있는 것을 이제 알겠다.

천국은 이렇게 점점 자세히 보인다.

와우... 주님이 금모래를 주님의 두 손에 가득 떠서 나에게 주신다. 내 손에.... 그리고 하시는 말씀이 집회 때 뿌려지는 금가루가 바로 이것이라 말씀하신다. 와우...

아하, 그렇구나! 그럼 주님이 지금 내게 주시는 이유는 내가 금가루 뿌려지라고 선언할 때 지금 받은 이 금가루가 뿌려지겠구나! 하고 생각이 들었다.

그러고 나서 주님은 나를 유람선의 맨 위층으로 데려가신다.

거기서 또 창문틀에 앉아서 주님과 함께 오손도손 이야기하는데 황금 독수리가 왔다.

주님과 나는 그 황금독수리에 타고 한번 빙 돌아와서 다시 우리는 그 창문틀에 앉아 이야기 하였다.

주님이 말씀하신다.

"네가 고민하는 문제가 다 끝났다"라고 말씀하시는 것이었다.

나는 무척 괴로운 개인적인 고민, 내 힘으로는 해결할 수 없는 문제가 있었는데 주님이 그것에 대하여 말씀하시는 것이었다.

할렐루야. 아멘이다.

49

주님은 모든 고민되는 문제를 주님께 맡기고 먼저 그의 나라와 그의 의를 구하라고 말씀하시다.

2014. 4. 29

이제는 내가 천국에 도착하는데 섬기는 천사가 총 6명으로 늘어났다. 즉 나를 황금수레 마차에 태워서 천국 문으로 데리고 가는 천사가 두 명이고, 또 황금대문 앞에서 우리 수레가 도착하면 문을 양옆으로 활짝 여는 천사가 두 명, 그리고 내가 마차에서 내릴 때에 나의 양손을 잡아서 주님께로 인도하여 주는 천사가 두 명이다. 이렇게 여섯 명으로 늘어났다. 할렐루야.

나는 주님께 인도되자마자 나는 주님께 안겨서 울었다.

주님은 지상에서 내가 얼마나 마음을 아파하고 고생하고 힘들어한 것을 먼저 알고 계신다. 그래서 나에게 생명수를 먼저 두 병이나 마시게 하셨다.

그리고 나서 주님과 나는 바로 옆에 놓여 있는 구름 계단을 통해 넓은 구름위로 올라갔다. 거기는 테이블이 놓여 있었고 그 위에는 수

정과를 담은 큰 그릇이 놓여 있었다.

나는 거기서 작은 그릇으로 그 안의 물을 떠먹고 또한 그 안에 있는 큰 포도알 하나를 먹었다.

주님은 내가 영적으로 다운되어 있거나 가라앉아 있으면 천국에서 나를 자꾸 먹이신다. 그러고 나서 주님과 나는 구름 위를 걸어서 계속 비스듬히 위로 올라갔다. 나는 기분이 너무 좋았다.

구름 밑으로는 내가 천국에 올라 올 때부터 환영하던 무리가 보였는데 우리를 보면서 기뻐하고 즐거워하여 준다. 손을 흔들며 말이다. 주님과 나는 위로 계속 올라갔는데 구름의 끝까지 걸어왔다.

갑자기 그 구름 끝이 약간 떨어져 나오면서 우리는 그 떨어져 나온 구름을 타고 위로 더 날아갔다.

그리고 내가 황금마차에서 내릴 때에 나를 주님께로 인도하였던 그 눈이 시릴 만큼 하얀 두 날개를 가진 두 천사가 우리 뒤를 따라 날아 왔다.

그리고 우리는 주님의 보좌로 갔다.

보좌 오른편에는 내 육신의 아버지가 와 계셨다.

그 옆에 몇 개월 전에 돌아가신 임00 목사님, 또 살아 계셨을 때 친하게 지냈던 이00 목사님 사모님과 그리고 정말 돌아가신지 얼마 안 되는 친분이 있었던 오00 목사님도 그 옆에 있었다.

오00 목사님은 예쁜 귀걸이를 하고 또 금면류관도 쓰고 나타났다.

주님의 보좌 왼편에는 토마스 주남이 와 있었다.

그리고 내가 그 왼편에 또 천사들 쪽에 앉아 있었다.

나는 그들을 보자 힘이 났고 기뻤다.

그러나 사실 나는 왜 지금 이런 일이 일어나는지 궁금했다.

주님은 말씀하신다. "나의 걱정을 다 자신에게 맡기라." 하신다.

그러시면서 하시는 말씀이 "너는 오직 그의 나라와 그의 의를 구하라." 하신다. 아멘!

오늘 이렇게 나타나신 분들은 쳐져 있는 나를 격려하기 위하여 보좌 앞에 와 계셨던 것이다. 나에게 기쁨을 주고 힘을 실어주기 위하여 나타난 것이었다. 할렐루야.

주님 감사합니다. 이렇게 힘을 주셔서.....

어제 기도시 주님이 나를 위해 싸우시겠다하신 것을 기억한다.

할렐루야. 나는 주의 나라와 그의 의를 구하면 주님이 나의 고민하는 그 문제에 대하여 나를 위하여 싸우시겠다고 말씀하시는 것이다. 할렐루야. 감사드립니다. 주님! 이렇게 다시 힘을 주셔서......

주님은 오늘 나에게 힘을 주시기 위하여 천국에 올라가자마자 생명수 두 병을 먹이시고, 구름 위에서 테이블을 펴시고 수정과와 과일을 먹이시고, 또한 평소에 보고 싶었던 분들을 천국에서 보게 하셨던 것이다.

주님 감사합니다.

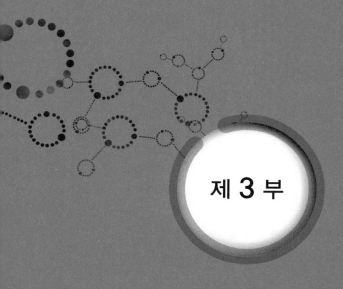

제 3 부

2014. 4. 30

~ 2014. 5. 15

50
천국에서 요셉을 만나
첫 번째로 질문하다.

2014. 4. 30

천국에 올라갈 때에 두 천사가 마차를 가지고 왔다.

마차는 아름다웠다. 나는 수레 안에서 부터 벌써 다이아몬드 면류관을 쓰고 있고 또한 흰 드레스를 입고 있었다.

나를 데리러 온 수레가 천국 문에 도착하니 두 천사가 천국 문을 활짝 연다. 그리고 쌍두마차 흰 말이 달려 있는 황금보석마차가 황금 길 왼편에 나를 내렸다. 두 날개 달린 천사 두 명이 나를 한손씩 잡고 내려주며 나를 부축하여 길 건너 주님께로 인도하였다.

그런데 주님 옆에 한 청년이 있다. 나는 이전에 본 적이 없는 청년이다. 누구일까? 그런데 아무래도 모르겠다.

지금까지 내가 만났던 믿음의 선진 중 그 어느 누구도 아니었다.

그러자 금방, 아하 요셉이구나! 하고 그 지식이 내게 그냥 생겼다. 나는 여태까지 요셉을 못 만났었다. 그런데 오늘 이렇게 처음 만난 것이다. 할렐루야.

주님은 요셉과 나를 데리고 인간창조역사관으로 가신다.

요셉의 이야기가 나오는 그림이 먼저 보였는데 그가 형들에 의하여 깊은 물없는 구덩이에 들어가 있는 그림이었다.

그는 깊은 구덩이에 들어가 있고 형들은 그 구덩이 위에서 아래로 내려다보면서 너는 죽어야 마땅하다고 하는 말을 하고 있는 그림이었다.

그 다음 그림은 요셉이 지나가는 미디안 상인에게 팔려가는 장면이었다. 그리고 그 다음 그림은 요셉이 애굽의 시위대장 보디발의 집에서 일하는 장면이었다. 그리고 그 다음 그림은 그가 보디발의 아내가 그렇게 유혹하여도 넘어가지 않는 장면이었고. 그리고 그 다음 그림은 그가 감옥에 들어가 간수들의 신임을 얻어 일하고 있는 장면이었다.

나는 거기까지 보면서 나는 요셉에게 질문하였다.

내가 그에게 한 첫 번째 질문은

'요셉 선생님, 종으로 팔려 보디발의 집에서 일하실 때에 어떤 일을 하여도 하나님이 요셉 선생님의 하는 일에 복을 주었다고 되어 있는데 즉 형통하였다고 되어 있는데 그 비밀이 무엇이었습니까?' 하고 물었다.

[창 39:1-3]

(1)요셉이 이끌려 애굽에 내려가매 바로의 신하 시위대장 애굽 사람 보디발이 그를 그리로 데려간 이스마엘 사람의 손에서 그를 사니라 (2) 여호와께서 요셉과 함께 하시므로 그가 형통한 자가 되어 그 주인 애굽 사람의 집에 있으니 (3)그 주인이 여호와께서 그와 함께 하심을 보며 또 여호와께서 그의 범사에 형통케 하심을 보았더라

왜냐하면 나는 이것이 참으로 궁금하였다.

요셉이 그러한 인간이 아니었는데 그는 오만하고 자만하고 올곧아서 불의를 못 보아서 형들의 잘못을 아버지에게 고하여 바치는 그러한 자였는데 하나님은 이러한 자와 결코 함께 하시지 아니하는 것을 잘 아는데 그가 보디발의 집에 노예로 끌려가서부터는 갑자기 하나님이 그와 함께 하사 그가 하는 모든 일에 형통하였더라는 말이 나온다.

여기서 형통이란 하나님이 함께 하여 주시는 것이 형통이다.

그런데 나는 이것이 왜 갑자기 가능하게 되었는지 즉 어떻게 하여 그렇지 못한 자가 갑자기 하나님이 그와 함께 하시게 되었는지 궁금하였던 것이다.

그랬더니 요셉이 말하기를 그 비밀은 바로 형들이 자기를 죽이려고 던져 넣었던 물 없는 그 구덩이 안에서 시작되었다고 말하는 것이었다. 즉 자신은 그 구덩이 안에서 죽음을 직면한 그 순간에 그는 하나님을 만났다는 것이다. 그런데 형들은 그를 죽이고자 하여 구덩이

안에 넣어 놓고 점심을 먹고 있었던 것이다.

요셉은 그때 참으로 자고한 자로서 자신의 꾼 꿈을 그것도 형들과 부모가 자신에게 절하는 꿈들을 서슴없이 그들에게 자랑하였을 뿐 아니라 형들의 잘못을 아버지에게 고자질하는 그러한 나쁜 인품을 가졌었다. 그런데 그는 이제 그가 만난 죽음 앞에서 그 모든 것을 내려놓을 수밖에 없었던 것이다. 주여! 즉 그는 그 모든 잘못을 하나님 앞에서 회개하였다는 것이다.

그리고 그는 그 속에서 하나님께 이렇게 말했다고 한다.

"하나님 저를 이곳에서 나가게만 해 주신다면 이제 저는 오로지 하나님만을 섬기고 살겠습니다."

이 상황은 바로 요나가 하나님께 불순종하다가 물고기 뱃속에 3일간 있었던 것과 매우 유사하였다는 것을 알게 하여 주신다. 아무도 그를 구하여 줄 수 없지만 오직 하나님만이 할 수 있는 그러한 상황 말이다. 요나도 물고기 뱃속에서 그렇게 회개하였던 것이다.

그래서 요셉은 그 죽음의 구덩이 안에서 하나님 앞에 눈물로 그의 모든 잘못을 회개하였고 (형들의 잘못을 아버지에게 고자질 한 것, 자신의 꿈을 형들에게 자랑하여 마음을 상하게 한 것 등등) 그리고 그 이후에는 그는 하나님 없이는 못사는 자가 되었으며 또한 하나님 앞에 사는 삶을 사는 그러한 자가 되었던 것이다.

[창 37:5-11]

(5)요셉이 꿈을 꾸고 자기 형들에게 고하매 그들이 그를 더욱 미워하였더라 (6)요셉이 그들에게 이르되 청컨대 나의 꾼 꿈을 들으시오 (7)우리가 밭에서 곡식을 묶더니 내 단은 일어서고 당신들의 단은 내 단을 둘러서서 절하더이다 (8)그 형들이 그에게 이르되 네가 참으로 우리의 왕이 되겠느냐 참으로 우리를 다스리게 되겠느냐 하고 그 꿈과 그 말을 인하여 그를 더욱 미워하더니 (9)요셉이 다시 꿈을 꾸고 그 형들에게 고하여 가로되 내가 또 꿈을 꾼즉 해와 달과 열 한 별이 내게 절하더이다 하니라 (10)그가 그 꿈으로 부형에게 고하매 아비가 그를 꾸짖고 그에게 이르되 너의 꾼 꿈이 무엇이냐 나와 네 모와 네 형제들이 참으로 가서 땅에 엎드려 네게 절하겠느냐 (11)그 형들은 시기하되 그 아비는 그 말을 마음에 두었더라

[창 37:18-28]

(18)요셉이 그들에게 가까이 오기 전에 그들이 요셉을 멀리서 보고 죽이기를 꾀하여 (19)서로 이르되 꿈 꾸는 자가 오는도다 (20)자, 그를 죽여 한 구덩이에 던지고 우리가 말하기를 악한 짐승이 그를 잡아먹었다 하자 그 꿈이 어떻게 되는 것을 우리가 볼 것이니라 하는지라 (21)르우벤이 듣고 요셉을 그들의 손에서 구원하려하여 가로되 우리가 그 생명은 상하지 말자 (22)르우벤이 또 그들에게 이르되 피를 흘리지 말라 그를 광야 그 구덩이에 던지고 손을 그에게 대지 말라 하니 이는 그가 요셉을 그들의 손에서 구원하여 그 아비에게로 돌리려 함이었더라 (23)요셉이 형들에게 이르매 그 형들이 요셉의 옷 곧 그 입은 채색옷을 벗기고 (24)그를 잡아 구덩이에 던지니 그 구덩이는 빈 것이라 그 속에 물이 없

었더라 (25)그들이 앉아 음식을 먹다가 눈을 들어 본즉 한 떼 이스마엘 족속이 길르앗에서 오는데 그 약대들에 향품과 유향과 몰약을 싣고 애굽으로 내려가는지라 (26)유다가 자기 형제에게 이르되 우리가 우리 동생을 죽이고 그의 피를 은익한들 무엇이 유익할까 (27)자 그를 이스마엘 사람에게 팔고 우리 손을 그에게 대지 말자 그는 우리의 동생이요 우리의 골육이니라 하매 형제들이 청종하였더라 (28)때에 미디안 사람 상고들이 지나는지라 그들이 요셉을 구덩이에서 끌어올리고 은 이십개에 그를 이스마엘 사람들에게 팔매 그 상고들이 요셉을 데리고 애굽으로 갔더라

즉 요셉은 그 구덩이 안에서 하나님을 만났고 새사람이 된 것이었다. 할렐루야.

그러므로 때로는 우리가 만나는 죽음의 구덩이가 나쁜 것이 아니다. 그것을 통하여 하나님은 우리가 하나님을 만나게 하는 통로로 사용하고 계시는 것을 알 수 있다.
그리하여 인간은 하나님을 만나면 이전과는 전혀 다른 새사람으로 변화되는 것이다. 할렐루야.

나의 두 번째 질문은 그 보디발의 아내에 대한 것이었다.
보디발의 아내가 요셉의 준수한 모습을 보고 거의 매일 동침을 요구하였으나 요셉은 받아들이지 아니하였다. 하루는 그 집에 아무도 없을 때에 그 보디발의 아내가 모든 사람들을 내어 보내고 동침하자

고 그의 옷을 끌었으나 그는 그녀를 뿌리치고 도망치다가 옷이 벗겨져 그대로 갈 수밖에 없었는데 나중에 집 하인들이 집에 돌아오고 그리고 그 남편 보디발이 집에 돌아왔을 때에 그 보디발의 아내는 그 모든 죄를 요셉에게 뒤집어 씌운다. 저 요셉이 자신을 겁탈하려 하다가 내가 반항하여 소리치니까 이 옷을 벗어두고 도망갔다고......

이 말을 들은 주인 보디발은 화가 끝까지 나서 그를 정치범 수용소인 자신의 집 아래에 있는 감옥에다가 그를 기약없이 가두게 되었다. 주여!

여기에서 내가 이해할 수 없는 것은 어찌하여 요셉은 그 보디발의 아내의 잘못을 그 남편인 시위대장 보디발에게 그 사실을 알리지 아니하였느냐는 것이었다.

[창 39:10-21]

(10)여인이 날마다 요셉에게 청하였으나 요셉이 듣지 아니하여 동침하지 아니할 뿐더러 함께 있지도 아니하니라 (11)그러할 때에 요셉이 시무하러 그 집에 들어갔더니 그 집 사람은 하나도 거기 없었더라 (12)그 여인이 그 옷을 잡고 가로되 나와 동침하자 요셉이 자기 옷을 그 손에 버리고 도망하여 나가매 (13)그가 요셉이 그 옷을 자기 손에 버려두고 도망하여 나감을 보고 (14)집 사람들을 불러서 그들에게 이르되 보라 주인이 히브리 사람을 우리에게 데려다가 우리를 희롱하게 하도다 그가 나를 겁간코자 내게로 들어오기로 내가 크게 소리질렀더니 (15)그가 나의 소리질러 부름을 듣고 그 옷을 내게 버려두고 도망하여 나갔느니라 하고 (16)그 옷을 곁에 두고 자기 주인이 집으로 돌아 오기를 기다려

(17)이 말로 그에게 고하여 가로되 당신이 우리에게 데려온 히브리 종이 나를 희롱코자 내게로 들어 왔기로 (18)내가 소리질러 불렀더니 그가 그 옷을 내게 버려두고 도망하여 나갔나이다 (19)주인이 그 아내가 자기에게 고하기를 당신의 종이 내게 이같이 행하였다 하는 말을 듣고 심히 노한지라 (20)이에 요셉의 주인이 그를 잡아 옥에 넣으니 그 옥은 왕의 죄수를 가두는 곳이었더라 요셉이 옥에 갇혔으나 (21)여호와께서 요셉과 함께 하시고 그에게 인자를 더하사 전옥에게 은혜를 받게 하시매

그랬더니 요셉이 이런 대답을 한다.
'내가 그 아내의 잘못을 그 남편에게 고하였다면 그 아내는 그 남편에게서 쫓겨났을 것'이라 말한다.
그래서 그는 부부가 자신 때문에 헤어지는 것보다 그는 차라리 자기가 그 누명을 뒤집어쓰고 감옥에 들어가는 것이 낫다고 생각하였다는 것이다. 아니 어쩌면 이럴 수가?...... 주여!
아니 자기가 당한 급한 상황에서 남을 생각하다니.......
또한 무엇보다도 이해할 수 없는 것은 분명히 요셉은 아무 잘못한 것이 없는데 그는 그 보디발의 아내가 억울한 누명을 씌우는 대로 그 누명을 뒤집어쓰고 정작 감옥에 들어가야 할 자는 보디발의 아내인데 자신이 감옥에 들어갔다는 것이다. 요셉은 악을 선으로 갚은 것이다.
하나님은 이 요셉의 행동에서 무엇을 보셨을까?
이전의 요셉은 불의를 못보고 또한 형들의 잘못을 아버지에게 고자질하는 자였는데 이제 요셉은 그러한 자가 아니라 정 반대의 모습

으로 변화되어 있었다.

즉 하나님께서는 요셉에게서 그가 만난 고난을 통하여 장차 다시 오실 예수님의 형상이 형성되어진 것을 보셨던 것이다.

즉 남의 죄까지 뒤집어쓰면서 원수를 미워하지 않고 사랑하는 모습이 요셉에게 나타난 것이다. 이전의 남의 잘못을 고자질하던 요셉이 더 이상 아니었다. 완전히 180도로 변한 요셉이었다. 그는 이제는 원수를 진심으로 사랑하는 자가 된 것이다. 할렐루야!

주님은 말씀하신다.

"원수를 저주하지 말고 오히려 사랑하고 축복하고 기도하여주라"고 말씀하신다. 그리고 "그 원수가 오리를 가자하면 십리를 가주고 원수가 헐벗거든 먹이고 마시우라"고 말씀하신다.

요셉은 이것에 통과된 자였던 것이다. 할렐루야.

[눅 6:28-36]

(28)너희를 저주하는 자를 위하여 축복하며 너희를 모욕하는 자를 위하여 기도하라 (29)네 이 뺨을 치는 자에게 저 뺨도 돌려 대며 네 겉옷을 빼앗는 자에게 속옷도 금하지 말라 (30)무릇 네게 구하는 자에게 주며 네 것을 가져가는 자에게 다시 달라지 말며 (31)남에게 대접을 받고자 하는 대로 너희도 남을 대접하라 (32)너희가 만일 너희를 사랑하는 자를 사랑하면 칭찬 받을 것이 무엇이뇨 죄인들도 사랑하는 자를 사랑하느니라 (33)너희가 만일 선대하는 자를 선대하면 칭찬 받을 것이 무엇이뇨 죄인들도 이렇게 하느니라 (34)너희가 받기를 바라고 사람들에게 빌리면 칭찬 받을 것이 무엇이뇨 죄인들도 의수히 받고자 하여 죄인에

게 빌리느니라 (35)오직 너희는 원수를 사랑하고 선대하며 아무 것도 바라지 말고 빌리라 그리하면 너희 상이 클 것이요 또 지극히 높으신 이의 아들이 되리니 그는 은혜를 모르는 자와 악한 자에게도 인자로우시니라 (36)너희 아버지의 자비하심 같이 너희도 자비하라

즉 요셉은 이미 보디발의 아내의 누명을 쓰고 감옥에 들어갈 때
그는 이미 장차 오실 예수 그리스도의 형상을 입었다고 할 수 있다. 이미 하나님의 눈에 합격된 자였던 것이다.
사도바울은 이렇게 말한다.

[갈 4:19]
나의 자녀들아 너희 속에 그리스도의 형상이 이루기까지 다시 너희를 위하여 해산하는 수고를 하노니

[빌 2:5-8]
(5)너희 안에 이 마음을 품으라 곧 그리스도 예수의 마음이니 (6)그는 근본 하나님의 본체시나 하나님과 동등됨을 취할 것으로 여기지 아니하시고 (7)오히려 자기를 비어 종의 형체를 가져 사람들과 같이 되었고 (8)사람의 모양으로 나타나셨으매 자기를 낮추시고 죽기까지 복종하셨으니 곧 십자가에 죽으심이라

그러나 그 다음 나의 세 번째 질문은
'그러면 왜 하나님은 하나님이 보시기에 주님의 형상을 거의 입다

시피한 그를 즉 일종의 하나님의 시험에 합격한 그를 왜 2년 동안이나 감옥에 두셨는가?' 하는 것이다.

그래서 내가 요셉에게 세 번째 질문을 하였다.

어느 날 왕을 모시는 술 관원장과 떡 관원장이 왕에게 죄를 지어 감옥에 들어오게 되었는데 그들은 또한 어느 날 하나님이 주신 꿈을 꾸게 되었다. 그 꿈을 요셉이 하나님이 주시는 대로 해석하여 주었는데 정말 그 꿈의 해석대로 떡 관원장은 죽게 되었고 또한 술 관원장은 풀려나서 복직하게 되었다. 이때에 요셉이 술 관원장에게 나가시거든 나를 기억하여 달라고 하였고 그 술 관원장은 그렇게 하겠다고 하였으나 그 술 관원장은 나가고 나서는 그를 까맣게 잊어 먹고 기별도 보내지 않은 채 2년이라는 세월이 흘렀다.

나는 그것에 대하여 요셉에게 '자신을 잊어버린 그 술 관원장이 원망스럽지 않았냐고 또 기억하여 주지 못한 것에 대하여 서운하지 않았냐?'고 물었다.

그랬더니 요셉은 웃으면서 전혀 아니었다고 말한다.

왜냐하면 모든 일을 행하시는 분은 하나님이라는 것을 알았기 때문이라고 했다. 할렐루야.

그는 그 술 관원이 자기를 잊어버린 것도 하나님의 주관 하에 있었다는 것을 알았다는 것이다. 그래서 그는 감옥 안에서 하나의 불평도 없이 그 시간을 보낼 수 있었다는 것이다. 즉 그는 거기서 하나님을 기다렸다고 말했다. 주여!

그러고 나서 나는 주님께 요셉의 집으로 가자고 말했다.

그랬더니 우리는 같이 요셉의 집에 갔는데 너무나 크고 웅장하였다. 다니엘의 집보다 훨씬 크다. 즉 요셉의 집은 다니엘의 집의 약 3배가 되어 보였는데 다니엘의 집이 지그재그로 세 개가 옆으로 나열된 것 같은 집이었다.

나는 이 집이 바로 바로의 궁처럼 생겼다고 생각했다.

다니엘의 집은 천국과 지옥 간증 수기 제 1 집에 수록했다.

그리고 곧 야곱이 왔다. 얼굴이 조금 넓은 편이고 키가 약간 크고 턱수염의 길이가 2cm 정도로 턱의 약 10cm 넓이만큼 붙어 있었다. 수염 모양은 웅글웅글 하여 보였다.

나는 야곱에게 물어보는 것은 다음으로 미루기로 했다. 물어볼 것이 많으므로....

요셉은 보디발의 집에서 종으로 11년을 지냈다.

그리고 그는 하나님이 보시기에 원수를 사랑하는 시험에 통과하여 보디발의 아내 대신 그 죄를 뒤집어쓰고 감옥에 갇히게 되었다.

그러나 그가 하나님 앞에서 원수를 저주하지 않고 사랑하는 이 시험에 통과되었어도 그는 감옥 안에서 2년 동안 하나님의 때를 기다리는 훈련을 해야 했던 것이다. 할렐루야.

＊ **부연설명** : 우리도 마찬가지일 것이다. 하나님 보시기에 다 통과되었다할지라도 하나님은 하나님의 때에 우리를 사용하신다. 그러므로 우리도 요셉처럼 다시 때를 기다리는 훈련을 받게 될 것이다. 할렐루야.

51
요셉의 집에서
야곱의 가족을 보다.

2014. 5. 1

요셉의 집에서 야곱을 보았는데 요셉은 야곱을 빼 닮았다.

요셉과 나 그리고 주님과 야곱은 요셉의 집에서 리빙룸의 테이블에서 마주보고 앉아 있었는데 라헬과 레아로 보이는 여자들이 저쪽에서 우리를 보고 서 있었다.

그리고 그들 뒤로는 사람들이 웅성웅성하면서 서 있었다.

그들은 아무래도 이 지상에서 12지파를 이루었던 야곱의 아들들인 것이 알아졌다.

라헬은 레아에 비하여 겉모양이 화려하고 예쁘게 생겼다.

레아는 모양새가 수수한 아주머니 타입이다.

자매간이라도 어찌 그렇게 얼굴이 다르게 생겼는지....

52
야곱의 집을 보다.

2014. 5. 3

요셉이 구덩이에 빠졌던 사건은 바로 요나가 하나님께 불순종하다가 물고기 뱃속에서 하나님을 향하여 부르짖었던 사건과 유사하였다.

이 모든 것이 하나님의 계획이었다.

요셉을 형들이 구덩이에 빠뜨렸다가 당시 미디안 상인들이 지나가는 것을 보고 유다가 제안하여 동생을 죽이지 말고 노예로 팔자하여 요셉이 결국은 애굽의 보디발의 집에 종으로 팔려가게 된 것도 다 하나님의 계획에서 비롯된 것이었다.

하나님은 아브라함에게 너의 후손이 다른 나라에서 400년간 객이 되었다가 지금 네가 있는 이곳 즉 가나안으로 돌아올 것을 이미 예언하였었다. 그래서 요셉이 먼저 애굽으로 내려가고 그 다음 야곱의 70인 가족들이 애굽으로 내려가서 고센지역에 정착하게 된 것이다.

[창 15:13-16]

(13)여호와께서 아브람에게 이르시되 너는 정녕히 알라 네 자손이 이 방에서 객이 되어 그들을 섬기겠고 그들은 사백년 동안 네 자손을 괴롭게 하리니 (14)그 섬기는 나라를 내가 징치할지며 그 후에 네 자손이 큰 재물을 이끌고 나오리라 (15)너는 장수하다가 평안히 조상에게로 돌아가 장사될 것이요 (16)네 자손은 사대만에 이 땅으로 돌아 오리니 이는 아모리 족속의 죄악이 아직 관영치 아니함이니라 하시더니

야곱의 집을 보았다.

보석으로 된 청기와의 지붕을 가진 높고 큰 집이다.

바깥으로 난 창문들도 모두 다 푸르스름한 빛이 난다.

야곱은 좀 키가 크고 턱수염이 2cm 정도 길게 옆으로 10cm 정도 나 있었다.

53
천국 지옥 간증 집회를 기뻐하시는 주님

2014. 5. 5

천국에 올라갔는데 주님은 이렇게 말씀하신다.

'모든 영광을 하나님께 돌리고 그리고 천국과 지옥간증이 내 자랑이 되어서는 결코 안 된다는 것'을 다짐하게 하여 주셨다.

그리고 주님은 나에게 금팔찌와 다이아몬드 반지를 선물하여 주셨다. 그리고서는 주님이 나와 함께 많은 사람들이 지켜보는 가운데서 신나게 춤을 추시는 것이었다. 오늘 내가 천국지옥 간증을 할 줄을 아시고 기뻐하신다는 것을 알 수 있었다. 그래서 나를 잡고 춤을 추시는 것이었다.

그리고 주님과 나는 주님의 보좌 앞으로 갔다.

에스더가 와 있었다. 그녀는 나에게 나타나기만 하면 나에게 주는 메시지가 늘 '죽으면 죽으리랏다' 해야 한다는 것이다. 즉 에스더는 내가 천국과 지옥간증을 할 때에 죽으면 죽으리랏다 하는 마음을 주님이 내게 보여주시고 알려주신 것들을 과감하게 증거하라는 것이다. 할렐루야.

'주님, 그렇게 하겠습니다.'

54
천국 지옥 간증집회를
계속하기를 원하시는 주님

2014. 5. 5

천국에 올라갔다. 주님이 나의 오른편에서 맞아 주셨다.

주님이 있는 곳에서부터 넓은 구름이 위로 비스듬히 쭉 뻗어 있었는데 그 구름의 끝이 보이지 아니하였다.

주님과 나는 그 넓은 구름 위로 걸어 올라갔다.

그리고 주님과 내가 그 구름 위를 걷고 있는데 마리아가 나타났다.

그리고 바울이 왔다.

또한 사도 요한이 얼굴에 웃음이 함박꽃처럼 하여 기뻐하면서 나타나 말하기를 내가 자신이 사람들에게 전하고 싶은 메시지를 내가 1/2밖에 얘기하지 않았다고 말하는 것이었다.

또한 베드로가 왔다.

그리고는 에스더가 왔는데 나보고 '죽으면 죽으리랏다' 해야 한다고 했다. 토마스 주남과 임성빈 목사님도 나타났고 또한 이동은 목사님 사모님도 나타났다. 우리는 모두 구름위에서 같이 파티하듯이 잔에다가 주스를 담아 마셨다.

할렐루야.

한참 그렇게 즐긴 후에 주님과 나는 주님의 보좌 앞으로 갔고 나는 보좌 앞에 가만히 엎드려 있으면서 주님께 질문하였다.

'주님, 제가 이 집회를 계속하여야 합니까?' 하고 말이다.

주님의 대답은 말보다는 여러 두루마리를 내 앞에서 펼쳐 보이셨는데 그 두루마리들 모두에는 '이제도 있고 전에도 있었고 장차 올자 예수 그리스도를 전할 자'라 적혀 있었고 그 여러 두루마리들을 나에게 주시는 것으로 그 대답을 대신하셨다.

55

천국에서 요셉을 만나
두 번째로 질문하다.

2014. 5. 6

벤치에 앉아서 나는 주님께 말했다.

"요셉이 보고 싶어요."

그러자 요셉이 나타났다.

그리고 주님과 나, 그리고 요셉은 요셉의 집으로 갔다. 그리고 요셉의 집에서는 많은 사람들이 파티를 하듯이 웅성웅성하였다.

주님과 나, 그리고 요셉은 거실의 흑진주 테이블에 앉았다.

반대편에 주님과 요셉이 앉았고 나는 맞은편에 앉았다. 요셉을 만나게 하여 주신 주님께 나는 참으로 감사하였다. 나는 요셉에게 질문을 시작하였다.

▷ 질문 1 :

구덩이에서 하나님을 만났다고 했는데 하나님께서 요셉에게 뭐라고 말씀하셨냐고 물었다.

요셉은 하나님이 이렇게 말씀하셨다고 했다.

"내가 너를 살려주리라. 가는 곳마다 내가 너와 함께 하리라.

충성하라. 내가 네 꿈을 이루리라."

할렐루야.

이 말은 요셉은 보디발의 집에서 종살이할 때에 그리고 감옥에 들어 갔을 때에 그는 자신이 꾼 꿈 즉 하나님이 자신에게 주신 꿈을 이루는 날이 올 것이라는 것을 알고 있었다는 것이다.

그리고 요셉은 구덩이 안에서 하나님을 만난 후 유다의 도움으로 미디안 상인에게 팔려가서 애굽의 시위대장 보디발의 집에 종으로 팔려갔다. 그리고 그 구덩이 사건이후로 하나님은 그분의 약속대로 그가 하는 모든 일에 하나님이 함께 하여 주신 것이다.

할렐루야.

▷ **질문 2 :**

그 다음 나의 질문은

감옥서 2년 동안 술 관원장으로부터 아무런 소식이 없을 때 요셉은 감옥에서 기분이 어떠하였냐고 물었다.

그는 이렇게 말한다.

'나는 그를 미워하지 않았고 꺼내주는 일도 하나님이 하실 것을 믿었다'고 한다.

그리고 나는 요셉이 나에게 이렇게 말하고 있는 것이 느껴졌다.

'그것이 바로 믿음입니다.'라고 말이다.

할렐루야.

그렇다. 아브라함뿐 아니라 이삭도 그리고 다른 성경에 나타나는 믿음의 선진들도 다 이러한 하나님과 하나님의 약속의 말씀에 대한 굳센 믿음이 있었다는 것을 알 수 있었다.

▷ 질문 3 :

그리고 다음 세 번째 질문은

요셉에게 어떻게 그렇게 꿈을 해석하는 은사가 주어졌는가? 하는 것이었다.

그렇게 내가 질문을 가지자 주님과 요셉은 나에게 이렇게 알게 하여 주셨다.

요셉이 술 관원장과 떡 관원장의 꿈을 해석하게 된 것은 요셉이 말하기를 그는 그냥 그 꿈의 이야기를 들을 때에 그냥 그 뜻이 알아졌다고 말한다. 이것은 우리가 방언을 할 때에 방언통역의 은사가 와 있는 자는 그냥 그 뜻이 알아지는 것과 같은 것이라는 것을 알게 하셨다. 즉 방언을 통역하는 은사처럼 꿈을 들을 때에 그것이 해석되어지는 은사가 요셉에게 와 있었다는 것이다.

할렐루야.

요셉은 바로의 꿈도 들을 때에 역시 그렇게 알아졌다고 말했다.

즉 모든 꿈들의 이야기들을 들을 때에 그는 말한다. "그냥 해석들이 하나님으로부터 왔다"라고...

할렐루야.

나는 들으면서 이렇게 마음으로 기도하였다.

"주여! 이러한 은사를 제게도 주시옵소서........."

▷ 질문 4 :

그 다음의 나의 네 번째 질문은

요셉이 야곱의 가족 70인을 애굽의 고센지역에 정착시킬 때에 아브라함에게 하나님이 약속하신 그 계획을 알고 있었는가? 하는 것이었다.

[창 15:13-16]

(13)여호와께서 아브람에게 이르시되 너는 정녕히 알라 네 자손이 이방에서 객이 되어 그들을 섬기겠고 그들은 사백년 동안 네 자손을 괴롭게 하리니 (14)그 섬기는 나라를 내가 징치할지며 그 후에 네 자손이 큰 재물을 이끌고 나오리라 (15)너는 장수하다가 평안히 조상에게로 돌아가 장사될 것이요 (16)네 자손은 사대만에 이 땅으로 돌아 오리니 이는 아모리 족속의 죄악이 아직 관영치 아니함이니라 하시더니

요셉은 그 대답을 나에게 생각으로 알게 하여 주었다.

그는 마음으로 말한다. 알고 있었다고... 할렐루야.

그러므로 요셉은 기근으로 인하여 굶어죽을 것 같은 자신의 아버지의 가족 70인을 고센지역에 정착하게 하면서 이 모든 것이 하나님의 계획이었다는 것을 알았다는 것이다. 자신을 애굽으로 보낸 사실부터 말이다.

[창 45:4-8]

(4)요셉이 형들에게 이르되 내게로 가까이 오소서 그들이 가까이 가니 가로되 나는 당신들의 아우 요셉이니 당신들이 애굽에 판 자라 (5)당신들이 나를 이곳에 팔았으므로 근심하지 마소서 한탄하지 마 소서 하나님이 생명을 구원하시려고 나를 당신들 앞서 보내셨나이다 (6)이 땅에 이년 동안 흉년이 들었으나 아직 오년은 기경도 못하고 추수도 못할지라 (7)하나님이 큰 구원으로 당신들의 생명을 보존하고 당신들의 후손을 세상에 두시려고 나를 당신들 앞서 보내셨나니 (8)그런즉 나를 이리로 보낸 자는 당신들이 아니요 하나님이시라 하나님이 나로 바로의 아비를 삼으시며 그 온 집의 주를 삼으시며 애굽 온 땅의 치리자를 삼으셨나이다

그리고 동시에 야곱도 이것이 하나님의 계획이라는 것을 하나님으로부터 애굽으로 내려오기 전에 받은 것이다.

[창 45:28-46:4]

(28)이스라엘이 가로되 족하도다 내 아들 요셉이 지금까지 살았으니 내가 죽기 전에 가서 그를 보리라 (1)이스라엘이 모든 소유를 이끌고 발행하여 브엘세바에 이르러 그 아비 이삭의 하나님께 희생을 드리니 (2)밤에 하나님이 이상 중에 이스라엘에게 나타나시고 불러 가라사대 야곱아 야곱아 하시는지라 야곱이 가로되 내가 여기 있나이다 하매 (3)하나님이 가라사대 나는 하나님이라 네 아비의 하나님이니 애굽으로 내려가기를 두려워 말라 내가 거기서 너로 큰 민족을 이루게 하리라 (4)내가

너와 함께 애굽으로 내려가겠고 정녕 너를 인도하여 다시 올라올 것이며 요셉이 그 손으로 네 눈을 감기리라 하셨더라

주님, 저는 주님의 계획을 미리 아브라함에게 말하고 그것을 이루시는 하나님을 찬양합니다.
요셉은 이 계획 속에서 주님께 잘 사용 받은 자였던 것이다.
할렐루야!

56
천국에서 요셉을 만나 세 번째로 질문하다.

2014. 5. 7

천국에 올라갔다. 마차를 갖고 온 두 천사가 나를 데리고 올라갔다.

이 두 천사는 날개가 없다.

천국대문을 활짝 옆으로 여는 두 천사가 나를 맞이한다.

그들은 두 날개가 달려 있다.

내 집 현관에 서 있는 두 천사도 두 날개를 가지고 있다.

나를 태운 아름다운 마차는 천국대문 안에 황금대로 왼편에 서서 나를 내려놓으면 거기서 또 두 날개 달린 두 천사가 각각 나의 한 손을 잡고 주님께로 나를 인도한다. 그래서 이제는 천국으로 올라가는 마차에서부터 내가 내리기까지 나를 수종하는 천사가 6명이다.

주님은 늘 그랬듯이 나를 태운 마차가 황금대로 왼편에 서면 주님은 황금대로 우편에서 나를 기다리고 계셨다.

나는 주님을 보자마자 주님의 옷에 파묻혀서 엉엉 울었다.

주님이 내게 분홍색 꽃잎처럼 예쁘게 생긴 머리핀을 내게 주신다.
아주 예쁘다.

나는 주님과 함께 길을 걸어갔다.

어느새 내 목에도 아까 분홍색 꽃잎처럼 생긴 것들이 쭉 연결되어
나에게 목걸이가 되어서 걸려 있다. 아니 언제 이것이 내 목에 걸어
졌지? 갑자기 내 목에 걸려 있는 것을 발견하였다.

주님과 내가 쭉 길을 걸었는데 길 끝에는 바다가 나왔다.

바다에는 이전에 주님과 내가 탔던 조가비 보트와 흰색의 진주로
만들어진 보트가 있었다.

순간적으로 나는 둘 중에 하나를 선택하여 타야 했었는데 나는 백
진주로 된 하얀 보트를 골랐다. 주님과 나는 그 백진주로 된 하얀 보
트를 타고서 바다위에 떠 있었다.

나는 주님과 보트의 각 양쪽 끝에 앉아서 서로를 마주보고 앉아 있
었고 주님이 노를 저으셨다.

한참동안 그렇게 있다가 주님이 내 옆으로 오셔서 앉으신다.

나는 참으로 행복했다. 나는 주님과 함께 있는 것이 너무 좋았다.

천국에서 다른 어떤 것을 구경하는 일보다도 말이다.

그러다 나는 내려왔다.

나는 두 번째 연달아 천국에 다시 올라가게 되었다.

나는 천사들에 의하여 주님께로 인도함을 받았고 주님은 나를 번
쩍 들어서 자신의 머리위로 올리셨다. 나는 기분이 너무 좋았다.

분명히 붕 떴는데 나는 어느새 내리는 순간 주님과 나는 이미 정원의 벤치에 앉아 있는 것이었다.

이것이 어떻게 가능한지 잘 모르지만 그러나 천국에서는 이러한 순간적 이동이 즉시 가능하다.

우리 앞에는 아름다운 정원이 있었다.

나는 벤치에 앉아서 주님께 요셉이 보고 싶다고 했다.

그랬더니 곧 요셉이 나타났다. 그리고 그가 내 옆으로 앉았다.

나와 주님 사이에 앉지 않고 말이다.

주님이 요셉에게 말씀하셨다.

"사라에게 말하라."라고 말이다.

그랬더니 요셉이 나에게 단호하게 똑똑히 다음과 같이 말했다.

1. 하나님이 말씀하신 것만 말하라.
2. 더러운 것은 손대지 말아라.
3. 하나님께만 영광을 돌리라.

나는 요셉이 나에게 이렇게 말할 줄은 몰랐다. 그러나 요셉은 마치 나에게 선포하듯이 말해 놓고서는 갑자기 잠잠하여졌다.

그래서 이제 내가 그에게 물었다.

▷ 질문 1 :

'요셉, 요셉에게는 감옥소가 어떤 곳이었냐'고 물었다.

그랬더니 요셉은 '감옥은 자신에게 마지막 훈련 장소였다'고 말한다.

무엇을 훈련하였냐는 질문에 그는 말한다.

'나는 거기서 하나님을 기다리는 훈련을 받았다'고...... 할렐루야.

너무나 멋있는 훈련 아닌가?

▷ **질문 2 :**

나는 또 물었다.

아니 요셉은 감옥소에서 즐겁게 지낸 것 같은데 왜냐하면 간수들이 좋아하여 감옥소의 일을 맡길 정도니 어찌 그렇게 감옥 안에서 낙담치 않고 즐거울 수 있었냐고 물었다.

그랬더니 요셉이 말한다.

'나는 그 구덩이 이후에의 나의 사는 삶은 다 덤으로 사는 삶이었다'고 말했다.

오 마이 갓! 할렐루야. 정말 이해가 가는 부분이다.

그는 죽을 줄 알았는데 하나님이 살려 주신 것이다.

그러므로 그 이후의 삶은 그에게는 하나님께 바쳐진 덤으로 사는 삶이었던 것이다.

그러면서 그는 덧붙이기를 그가 구덩이 안에서 회개할 때 하나님은 그에게 '네가 어디를 가든지 함께 할 것'이라는 말씀을 주었다는 것이다. 할렐루야.

그러므로 하나님은 감옥 안에서도 자신과 함께 하여 주셔서 늘 기뺐고 감사하였으며 즐거웠다는 것이다. 할렐루야.

주님계신 곳이 천국이라.........

▷ 질문 3 :

나는 또 질문했다.

술 관원장이 요셉을 잊어버리고 2년이나 지나면서 그 술 관원장이 원망스럽지 않았냐고 물었다. 그러자 요셉은 말했다.

'자신은 하나님께서 보디발의 아내 때문에 겪은 자신의 억울함을 다 알고 계시기 때문에 분명히 하나님이 자기를 그 감옥에서 꺼내어 주실 것을 믿었다'는 것이다. 할렐루야.

그래서 그는 그 술 관원장이 별로 밉지가 않았다는 것이다.

할렐루야. 아멘.

57
천국에서
야곱을 만나 대화하다.

2014. 5. 9

천국에 올라가는데 오늘따라 모든 것이 실물 크기로 보인다.

마차의 수레바퀴가 황금으로 된 아름다운 바퀴임이 오늘 또렷이 보인다. 천국에 올라갔는데 요즘에 그렇듯이 나를 마차에서 내리면 나의 손을 잡아주는 두 천사가 있다.

나를 주님께 인도하였다.

주님과 나는 구름을 탔다. 나는 요셉과 야곱을 보고 싶다고 했다.

그리하였더니 나는 그들이 구름을 탈줄 알았는데 그게 아니고 우리가 야곱의 집으로 도착하니 거기에 요셉과 야곱이 있었던 것이다.

야곱의 집은 아주 넓었고 안에 샹델리아 같은 등이 아름답게 천정에서 내리우고 있었다. 테이블은 다이아몬드로 된 크리스탈이다.

집안은 정말 넓었다.

그 테이블에 주님이 내 맞은편에 앉으시고 주님의 왼편으로 요셉

그리고 야곱이 앉았다. 나는 여러 가지 질문을 가졌다.

▷ **질문 1 :**

야곱이 라헬을 위하여 열심히 7년을 수 일 같이 일하고 나서 그 대가로 결혼하여 첫날밤을 자고 일어났는데 옆에 누워있는 자가 라헬이 아니라 레아였을 때 그때의 그 심정이 어떠하였는가? 하는 것이었다.

그때 주님은 야곱의 심경이 탕자의 비유에서 둘째 아들이 돼지 우리에 들어갔을 때에 먹을 것이 없어서 그 때에야 하나님과 아버지께 죄를 지었음을 회개하는 그러한 심경이었다는 사실을 알게 하여 주셨다.

그렇다. 이런 환경은 탕자를 하나님께로 돌리기 위하여 하나님이 조성하신 환경이라 볼 수 있는데 야곱에게도 하나님은 이런 비슷한 상황을 허락하셔서 그를 회개시켰던 것이다.

그러자 하나님은 그의 회개를 들으시고 라반이 야곱에게 7일을 레아에 대하여 채우고 그 다음 라헬을 아내로 주겠다고 말한다. 그리고 그것을 위하여 7년을 더 일할 것을 제안한다.

그것은 야곱에게 깜깜한 데서의 구출사건이었다.

즉 깜깜하였는데 그래도 하나님이 그의 소원을 들어주신 것이었다.

물론 하나님은 야곱에게 라반을 통하여 라헬을 주실 생각을 하고 있었다. 그러나 그 이전에 야곱이 형과 아버지에게 지은 죄를 회개하기를 원하셨던 것이다.

야곱은 7일 이후 라헬을 얻고 난 후에 그는 또 즐겁게 7년을 일하였다.

야곱은 그렇게 라반에게 처음 속아서 첫날밤을 자고나니 레아인 것을 알았을 때에 그는 철저히 회개하였다.

사람은 자신의 잘못을 하나님께서 탕자를 돼지우리에 넣어서 회개시키신 것처럼 돼지우리에 들어가기까지는 자신의 잘못을 잘 못 깨닫는다.

야곱은 자신이 라반에게 철저히 속고 나서야 에서를 속여서 장자권을 빼앗았고 아버지를 속여서 장자의 축복을 받아낸 것을 회개하였던 것이다.

야곱에게는 레아에서 난 아들들 6명이 있었고 라헬에게서 난 아들들이 2명이 있었고 라헬이 야곱에게 준 첩 빌하에게서 난 아들들이 2명이 있었으며 레아가 야곱에게 준 첩 실바에게서 난 아들들이 2명이 있었다.

▷ **질문 2 :**

나는 야곱이 왜 요셉에게만 채색옷을 입혔는지에 대하여 의문이 들었다. 그리하였더니 주님은 그 대답을 생각으로 알게 하셨다.

야곱에게는 요셉만이 정말 자신의 진짜 아들이라 생각이 들었던 것이다. 왜냐하면 정작 자신의 마음에 드는 아내는 라헬밖에 없었기 때문이다.

다른 아내와 첩들은 그냥 떠밀려서 자기가 취하게 된 것이었다.

그러므로 그는 이제 자신의 적자 요셉을 낳았으니 얻을 것 다 얻었으니 이제는 요셉을 데리고 고향으로 돌아갈 생각을 한 것이다.

[창 30:25-26]

(25)라헬이 요셉을 낳은 때에 야곱이 라반에게 이르되 나를 보내어 내 고향 내 본토로 가게 하시되 (26)내가 외삼촌에게서 일하고 얻은 처자를 내게 주어 나로 가게 하소서 내가 외삼촌께 한 일은 외삼촌이 아시나이다

이것은 옛날에 왕이 왕비는 하나이나 후궁이 여러 명이 있어서 왕의 아들이 여러 명이 있다할지라도 적통인 왕비가 낳은 아들이 왕세자로 뽑혀서 그 후에 왕이 되는 것과 같은 것이었다.

그래서 야곱은 라헬이 낳은 아들 요셉을 자신의 적통으로 생각하고 옛날 왕들처럼 그에게만 채색옷을 입혔던 것을 알게 하여 주셨다.

* **부연설명** : 그러나 사실 나중에 보면 하나님의 계획은 요셉이 아니라 레아가 낳은 유다에게 있었으며 유다의 가계를 통하여 나중에 예수 그리스도가 태어나게 되는 것이다.

그리고 나중에 보면 야곱이 라헬을 자신의 정식부인으로 생각하였으나 이것은 어디까지나 인간의 생각이었고 사실은 하나님의 뜻은 레아에게 있었음을 알게 된다.

왜냐하면 라헬과 레아는 20대의 나이에 84세인 야곱과 결혼하여 20년 정도 살다가 라헬은 일찍 죽고 베들레헴에 장사되었으나

레아는 라헬이 죽고 난 후에 20년을 더 살다가 막벨라 굴에 야곱의 정식부인으로 장사된다. 이 막벨라 굴에는 아브라함과 사라, 이삭과

리브가가 장사된 곳이었다. 여기에 라헬이 아니라 레아가 야곱과 함께 장사 된 것으로 알 수 있다.

▷ **질문 3 :**

그 다음 나는 왜 하나님께서 에서가 아니라 야곱을 택하였는지에 대하여 질문하였다.

주님이 생각으로 알게 하여 주셨다.

에서는 너무 가벼웠다는 것이다. 그리고 그의 중심에는 하나님이 없었다. 자신의 육신의 정욕을 채우기 위하여서는 하나님이 주신 장자권을 팥죽 한 그릇에 팔아버리는 경솔함을 보였다.

이것은 그가 필요하면 어떤 순간에도 자신의 욕심을 채우기 위하여서는 하나님도 버릴 수 있는 자라는 것을 보여 준 것이다.

그리고 그는 나중에 40세에 하나님의 허락 없이 이방족속의 딸들과 결혼하는 경솔함을 보이기도 했다.

[창 26:34-35]

(34) 에서가 사십세에 헷 족속 브에리의 딸 유딧과 헷 족속 엘론의 딸 바스맛을 아내로 취하였더니 (35) 그들이 이삭과 리브가의 마음의 근심이 되었더라

그러나 하나님은 왜 에서가 아니라 야곱을 택하셨나? 하는 것이다.

그것은 하나님은 아브라함에게 약속한 대로 이삭의 아들들 에서

와 야곱 중에서 한 명을 택하여 그 후손을 이어가야 했다. 야곱은 이름도 사기꾼이라서 잘 속였으나 그러나 그의 중심에는 에서와는 달리 하나님이 계셨다. 즉 하나님을 섬기는 그 마음의 줏대는 꼿꼿하게 서 있었던 것이다. 그래서 하나님은 그 중심을 보신 것이다. 하나님이 보시기에 사기꾼과 같은 인격 등은 하나님이 연단하시어 가꾸어 가시면 되었던 것이다. 할렐루야. 그래서 그의 이름도 태어나자마자 사기꾼이라는 야곱이라는 이름을 갖게 되었다.

* **나의 결론 :** 하나님은 우리가 태어나기 전부터 우리의 중심을 아시는 분이시고 또 우리의 중심을 보시는 분이라는 것이다. 그 중심에 하나님이 있는가 없는가 하는 것이다. 인격이나 기질 혹은 성격은 두 번째인 것이다.

그래서 주님은 예레미야에게도 이렇게 말했다.

[렘 1:5]
내가 너를 복중에 짓기 전에 너를 알았고 네가 태에서 나오기 전에 너를 구별하였고 너를 열방의 선지자로 세웠노라 하시기로

또한 여기에 대하여 다윗이 고백한 것을 보면 안다.

[시 139:16]
내 형질이 이루기 전에 주의 눈이 보셨으며 나를 위하여 정한 날이 하나도 되기 전에 주의 책에 다 기록이 되었나이다

하나님은 우리가 태어나기 전부터 복중에 지어지기 전부터 우리의 중심을 알고 계시는 분이시라는 것이다. 할렐루야.

에서는 하나님을 경홀히 여기는 면이 있다는 것을 하나님은 그가 태어나기 전부터 알았다.

[창 25:22-23]

(22) 아이들이 그의 태 속에서 서로 싸우는지라 그가 가로되 이같으면 내가 어찌할꼬 하고 가서 여호와께 묻자온대 (23) 여호와께서 그에게 이르시되 두 국민이 네 태중에 있구나 두 민족이 네 복중에서부터 나누이리라 이 족속이 저 족속보다 강하겠고 큰 자는 어린 자를 섬기리라 하셨더라

그러므로 하나님이 그를 미워했다.

그래서 하나님은 그 중심에 하나님이 있는 야곱은 사랑하고 그 중심에 하나님이 없는 에서는 미워하였던 것이다.

[롬 9:12-13]

(12)리브가에게 이르시되 큰 자가 어린 자를 섬기리라 하셨나니

(13)기록된바 내가 야곱은 사랑하고 에서는 미워하였다 하심과 같으니라

[말 1:2-4]

(2)여호와께서 가라사대 내가 너희를 사랑하였노라 하나 너희는 이르기를 주께서 어떻게 우리를 사랑하셨나이까 하는도다 나 여호와가 말하

노라 에서는 야곱의 형이 아니냐 그러나 내가 야곱을 사랑하였고 (3)에서는 미워하였으며 그의 산들을 황무케 하였고 그의 산업을 광야의 시랑에게 붙였느니라 (4)에돔은 말하기를 우리가 무너뜨림을 당하였으나 황폐된 곳을 다시 쌓으리라 하거니와 나 만군의 여호와는 이르노라 그들은 쌓을지라도 나는 헐리라 사람들이 그들을 일컬어 악한 지경이라 할 것이요 여호와의 영영한 진노를 받은 백성이라 할 것이며

하나님을 경홀히 여기는 자를 하나님도 진노하신다.

즉 우리가 믿는 하나님은 그 성격과 인격이 어떠하든 간에 그 중심에 하나님이 있는 자를 만들어서라도 사용하시는 것을 알 수 있는 것이다. 아멘.

▷ 질문 4 :
네 번째 질문은 왜 야곱이 얼룩무늬 있는 양의 새끼를 배게 하기 위하여 버드나무와 신풍나무 가지를 사용하였는가? 하는 것이었다.

[창 30:37-39]
(37)야곱이 버드나무와 살구나무와 신풍나무의 푸른 가지를 취하여 그것들의 껍질을 벗겨 흰 무늬를 내고 (38)그 껍질 벗긴 가지를 양떼가 와서 먹는 개천의 물구유에 세워 양떼에 향하게 하매 그 떼가 물을 먹으러 올 때에 새끼를 배니 (39)가지 앞에서 새끼를 배므로 얼룩얼룩한 것과 점이 있고 아롱진 것을 낳은지라

이것에 대한 질문이었다.

도대체 이것이 어떻게 가능한가 하는 것이었다.

얼룩진 가지를 보고 새끼를 밴다고 하여 얼룩진 새끼가 나온다는 것이 도무지 이해가 가지 않았던 것이다.

여기에 대한 대답도 하나님은 내게 생각으로 알게 하여 주셨다.

i) 처음에 하나님은 야곱에게 꿈을 보여주셨다.

성경구절: [창 31:10-13]

(10)그 양떼가 새끼 밸 때에 내가 꿈에 눈을 들어 보니 양떼를 탄 수양은 다 얼룩무늬 있는 것, 점 있는 것, 아롱진 것이었더라 (11)꿈에 하나님의 사자가 내게 말씀하시기를 야곱아 하기로 내가 대답하기를 여기 있나이다 하매 (12)가라사대 네 눈을 들어 보라 양떼를 탄 수양은 다 얼룩무늬 있는 것, 점 있는 것, 아롱진 것이니라 라반이 네게 행한 모든 것을 내가 보았노라 (13)나는 벧엘 하나님이라 네가 거기서 기둥에 기름을 붓고 거기서 내게 서원하였으니 지금 일어나 이곳을 떠나서 네 출생지로 돌아가라 하셨느니라

즉 야곱이 꿈에서 본 것은 암양을 탄 수양은 다 얼룩무늬 있는 것, 점 있는 것, 아롱진 것들이었다. 그러므로 거기서 태어나는 새끼들은 다 얼룩무늬, 점, 아롱진 것들이 나오는 것이다.

ii) 그런데 문제는 여기서 발생한다.

[창 30:31-36]

(31)라반이 가로되 내가 무엇으로 네게 주랴 야곱이 가로되 외삼촌께서 아무 것도 내게 주실 것이 아니라 나를 위하여 이 일을 행하시면 내가 다시 외삼촌의 양떼를 먹이고 지키리이다 (32)오늘 내가 외삼촌의 양떼로 두루 다니며 그 양 중에 아롱진 자와 점 있는 자와 검은 자를 가리어내며 염소 중에 점 있는 자와 아롱진 자를 가리어 내리니 이같은 것이 나면 나의 삯이 되리이다 (33)후일에 외삼촌께서 오셔서 내 품삯을 조사하실 때에 나의 의가 나의 표징이 되리이다 내게 혹시 염소 중 아롱지지 아니한 자나 점이 없는 자나 양중 검지 아니한 자가 있거든 다 도적질한 것으로 인정하소서 (34)라반이 가로되 내가 네 말대로 하리라 하고 (35)그 날에 그가 수염소 중 얼룩무늬 있는 자와 점 있는 자를 가리고 암염소 중 흰 바탕에 아롱진 자와 점 있는 자를 가리고 양 중의 검은 자들을 가려 자기 아들들의 손에 붙이고 (36)자기와 야곱의 사이를 사흘길이 뜨게 하였고 야곱은 라반의 남은 양떼를 치니라

즉 아롱진 것과 얼룩진 것과 점 있는 모든 양을 가려내어서 라반의 아들들에게 붙이고 야곱은 그 남은 양떼 즉 흰 양들만 쳤는데 아들들이 데리고 간 얼룩진 양들과 야곱이 치는 흰 양떼들과의 사이는 사흘 길을 띄운 것이다.

그런데 야곱은 이 얼룩지고 아롱지고 점 있는 양들을 다 제하여 버리고 나서 나머지 얼룩무늬 없고 점 없고 아롱지지 아니한 양들을 치는데 거기서 이러한 점 있고 아롱지고 얼룩진 양들이 나오면 자기의 품삯이 될 것이라고 라반에게 말하는 것이었다.

그런데 그가 꿈에서 본 것은 암양을 탄 모든 수양이 다 아롱지고 점 있고 얼룩 있는 것들이었다. 그래서 그 새끼들이 다 얼룩지고 아롱지고 점 있는 것들이 나오게 된 것이다. 이제 그 얼룩지고 점 있고 아롱진 수양들이 다 라반의 아들들에게 붙여졌다.

그러니 어찌 야곱이 그 다음 흰 양들에게서 나는 새끼들이 다 얼룩지고 점 있고 아롱진 것들이 나오게 되었는가 하는 것이다.

그것은 야곱이 하나님의 말씀을 믿는 믿음이었다.

비록 흰 양들만 남았으나 하나님이 자신에게 얼룩지고 아롱지며 점 있는 새끼들을 낳게 하여 자신에게 주실 것을 믿은 것이다.

할렐루야.

[창 31:4-9]

(4)야곱이 보내어 라헬과 레아를 자기 양떼 있는 들로 불러다가 (5)그들에게 이르되 내가 그대들의 아버지의 안색을 본즉 내게 대하여 전과 같지 아니하도다 그러할지라도 내 아버지의 하나님은 나와 함께 계셨느니라 (6)그대들도 알거니와 내가 힘을 다하여 그대들의 아버지를 섬겼거늘 (7)그대들의 아버지가 나를 속여 품삯을 열번이나 변역하였느니라 그러나 하나님이 그를 금하사 나를 해치 못하게 하셨으며 (8)그가 이르기를 점 있는 것이 네 삯이 되리라 하면 온 양떼의 낳은 것이 점 있는 것이요 또 얼룩무늬 있는 것이 네 삯이 되리라 하면 온 양떼의 낳은 것이 얼룩무늬 있는 것이니 (9)하나님이 이같이 그대들의 아버지의 짐승을 빼앗아 내게 주셨느니라

즉 그는 하나님이 그에게 아롱지고 얼룩지고 점 있는 새끼들을 낳게 하셔서 그에게 주실 것을 믿었던 것이다.

iii) 그래서 푸른 버드나무와 신풍가지를 꺾어서 가지를 벗겨 얼룩얼룩하게 만든 다음에 흰 수양이 흰 암양을 타서 새끼를 밸 때에 그 앞에서 배게 한 것은 하나님이 주실 것을 믿고 그의 믿음을 표시한 것이었다. 하나님을 믿어드리는 믿음이었다. 제가 하나님께서 저에게 하신 말씀을 믿습니다. 하는 믿음 말이다. 할렐루야.

하나님은 이 믿음에 역사하신 것이다. 할렐루야.

이 믿음은... 내가 너에게 아들을 주리라 했을 때에 하나님께 보여드렸던 아브라함의 믿음과도 같은 것이었다. 비록 아브라함이 99세이고 사라가 89세였다할지라도...

그런데 보여지는 상황과 환경은 전혀 아닌데 그들은 하나님을 믿어 드린 것이다.

이 믿음이 야곱에게도 있었다는 것이다. 할렐루야.

상황은 전혀 아닌 것 같은데 하나님은 주신다하였으니 주실 것이야하는 믿음 말이다.

그래서 성경은 말한다. '아브라함이 믿을 수 없는 중에 믿고 바랐으니 하나님은 그것을 의로 여기셨다'고 말이다. 그리고 정확히 1년 후에 아브라함은 이삭을 얻었다.

이 하나님을 야곱도 믿었다. 하나님이 자기를 위하여 하실 것을 믿었다. 하나님은 이러한 면이 야곱에게 있는 것을 아시고 야곱을 택하셨던 것이다. 할렐루야!

그래서 그는 믿음으로 푸른 버드나무와 신풍가지를 꺾어서 눈에 보이는 것은 아무 것도 없으나 나는 이렇게 함으로 말미암아 하나님을 믿어 드립니다 하는 마음으로 수양과 암양이 짝짓기할 때에 그 가지들 앞에서 새끼를 배게 한 것이다. 할렐루야! 그랬더니 새끼들이 정말 아롱진 것과 얼룩진 것과 점있는 것들이 나온 것이다. 할렐루야.

[창 30:37-39]
(37)야곱이 버드나무와 살구나무와 신풍나무의 푸른 가지를 취하여 그것들의 껍질을 벗겨 흰 무늬를 내고 (38)그 껍질 벗긴 가지를 양떼가 와서 먹는 개천의 물구유에 세워 양떼에 향하게 하매 그 떼가 물을 먹으러 올 때에 새끼를 배니 (39)가지 앞에서 새끼를 배므로 얼룩얼룩한 것과 점이 있고 아롱진 것을 낳은지라

하나님의 이 역사는 그렇다. 물이 포도주로 변화하는 능력과 같은 것이다. 하나님은 무에서 유를 창조하시듯 그의 믿음에 반응한 것이었다.
그래서 이전에는 이해가 안 가던 사건이 하나가 이해가 되는 것이었다. 그것은 엘리사 시대 때에 생도들이 그들이 훈련받는 장소를 짓기 위하여 남의 도끼를 빌려 쓰다가 그만 도끼가 자루에서 빠져서 연

못에 들어갔을 때에 엘리사가 나뭇가지를 그 연못에 던지니 그 나뭇가지가 도끼를 물에 뜨게 한 사건이 이제야 이해가 가는 것이었다. 아하, 그것도 엘리사의 믿음이었구나! 즉 하나님이 그 믿음에 반응한 것이었구나! 가 알아진 것이다. 할렐루야.

[왕하 6:1-7]

(1)선지자의 생도가 엘리사에게 이르되 보소서 우리가 당신과 함께 거한 곳이 우리에게는 좁으니 (2)우리가 요단으로 가서 거기서 각각 한 재목을 취하여 그곳에 우리의 거할 처소를 세우사이다 엘리사가 가로되 가라 (3)그 하나가 가로되 청컨대 당신도 종들과 함께 하소서 엘리사가 가로되 내가 가리라 하고 (4)드디어 저희와 함께 가니라 무리가 요단에 이르러 나무를 베더니 (5)한 사람이 나무를 벨 때에 도끼가 자루에서 빠져 물에 떨어진지라 이에 외쳐 가로되 아아, 내 주여 이는 빌어온 것이니이다 (6)하나님의 사람이 가로되 어디 빠졌느냐 하매 그곳을 보이는지라 엘리사가 나무가지를 베어 물에 던져서 도끼로 떠오르게 하고 (7)가로되 너는 취하라 그 사람이 손을 내밀어 취하니라

야곱은 이 사건에서 무에서 유를 창조하시는 하나님을 만났던 것이다. 즉 자신의 믿음에 반응하는 하나님을 만난 것이다. 할렐루야.
그래서 그는 그의 아내들에게 이렇게 말한다.

[창 31:8-9]

(8)그가 이르기를 점 있는 것이 네 삯이 되리라 하면 온 양떼의 낳은

것이 점 있는 것이요 또 얼룩무늬 있는 것이 네 삯이 되리라 하면 온 양
떼의 낳은 것이 얼룩무늬 있는 것이니 (9)하나님이 이같이 그대들의 아
버지의 짐승을 빼앗아 내게 주셨느니라

▷ 질문 5 :

야곱은 하나님에 의하여 얍복강가에서 이름이 '이스라엘'이라 불
리워졌다. 이 '이스라엘'의 뜻은 야곱이 하나님과 사람과 더불어 이
겼으므로 이러한 이름으로 부르라 한 것이다. 이것이 무슨 의미인
가? 하는 것이다.

[창 32:21-32]
(21)그 예물은 그의 앞서 행하고 그는 무리 가운데서 경야하다가
(22)밤에 일어나 두 아내와 두 여종과 열 한 아들을 인도하여 얍복
나루를 건널새 (23)그들을 인도하여 시내를 건네며 그 소유도 건네고
(24)야곱은 홀로 남았더니 어떤 사람이 날이 새도록 야곱과 씨름하다
가 So Jacob was left alone, and a man wrestled with him till day-
break. (25)그 사람이 자기가 야곱을 이기지 못함을 보고 야곱의 환도
뼈를 치매 야곱의 환도뼈가 그 사람과 씨름할 때에 위골되었더라 When
the man saw that he could not overpower him, he touched the
socket of Jacob's hip so that his hip was wrenched as he wres-
tled with the man.
(26)그 사람이 가로되 날이 새려하니 나로 가게 하라 야곱이 가로되
당신이 내게 축복하지 아니하면 가게 하지 아니하겠나이다

Then the man said, "Let me go, for it is daybreak." But Jacob replied, "I will not let you go unless you bless me."

(27)그 사람이 그에게 이르되 네 이름이 무엇이냐 그가 가로되 야곱이니이다 The man asked him, "What is your name?" "Jacob," he answered. (28)그 사람이 가로되 네 이름을 다시는 야곱이라 부를 것이 아니요 이스라엘이라 부를 것이니 이는 네가 하나님과 사람으로 더불어 겨루어 이기었음이니라 Then the man said, "Your name will no longer be Jacob, but Israel, because you have struggled with God and with men and have overcome." (29)야곱이 청하여 가로되 당신의 이름을 고하소서 그 사람이 가로되 어찌 내 이름을 묻느냐 하고 거기서 야곱에게 축복한지라 (30)그러므로 야곱이 그곳 이름을 브니엘이라 하였으니 그가 이르기를 내가 하나님과 대면하여 보았으나 내 생명이 보전되었다 함이더라 (31)그가 브니엘을 지날 때에 해가 돋았고 그 환도뼈로 인하여 절었더라 (32)그 사람이 야곱의 환도뼈 큰 힘줄을 친고로 이스라엘 사람들이 지금까지 환도뼈 큰 힘줄을 먹지 아니하더라

사실 여기서 두 가지 질문이 생긴다.

뭐냐면 사실은 야곱에게 한 사람이 나타나서 씨름을 했다.

그런데 나중에 이 사람은 하나님이셨고 하나님은 이렇게 말씀하신다. '네 이름을 야곱이라 하지 말고 이스라엘이라' 하라.

왜냐하면 네가 하나님과 사람과 겨루어 이겼다는 것이다.

여기서 하나님은 처음에 야곱에게 나타난 그 한 사람인데 하나님 외에 또 사람을 이겼다는 말이 무슨 말인가 하는 것이다. 이것에 대

하여 오늘 천상에서 하나님이 내게 가르쳐 주시는 것이었다.

이것을 영어로 보면 사람이 단수가 아니라 사람들이다.

[창 32: 28]

그 사람이 가로되 네 이름을 다시는 야곱이라 부를 것이 아니요 이스라엘이라 부를 것이니 이는 네가 하나님과 사람으로 더불어 겨루어 이기었음이니라

Then the man said, "Your name will no longer be Jacob, but Israel, because you have struggled with God and with men and have overcome."

그러면 이 사람들이 누구냐? 하는 것이다.

야곱이 그들을 겨루어서 이겼다는 것이다.

하나님께서 그들은 바로 에서와 그와 함께 싸우러 오는 사백 명의 군사들이라는 것을 알게 하여 주셨다. 할렐루야.

[창 32:6-8]

(6)사자들이 야곱에게 돌아와 가로되 우리가 주인의 형 에서에게 이른즉 그가 사백인을 거느리고 주인을 만나려고 오더이다 (7)야곱이 심히 두렵고 답답하여 자기와 함께 한 종자와 양과 소와 약대를 두 떼로 나누고 (8)가로되 에서가 와서 한 떼를 치면 남은 한 떼는 피하리라 하고

야곱은 자신을 죽이러 오는 형 에서와 사백 명 앞에서 아직도 자신

의 꾀를 부리고 있었다.

즉 이 하나님이 얍복강가에서 그와 싸운 것은 네 꾀를 내려놓으라고 하는 것이었는데 하나님 앞에 온전히 항복하는 것이었는데

그것을 아직 내려놓지 못한 것이었다.

밤새 씨름하였으나 내려놓지 못했다. 그래서 하나님은 그의 환도뼈를 쳐서 이제는 마음대로 다니지도 못하게 하여 버리신 것이다.

[창 32:21-32]

(21)그 예물은 그의 앞서 행하고 그는 무리 가운데서 경야하다가

(22)밤에 일어나 두 아내와 두 여종과 열 한 아들을 인도하여 얍복 나루를 건널새 (23)그들을 인도하여 시내를 건네며 그 소유도 건네고 (24)야곱은 홀로 남았더니 어떤 사람이 날이 새도록 야곱과 씨름하다가 So Jacob was left alone, and a man wrestled with him till day-break.

(25)그 사람이 자기가 야곱을 이기지 못함을 보고 야곱의 환도뼈를 치매 야곱의 환도뼈가 그 사람과 씨름할 때에 위골되었더라

When the man saw that he could not overpower him, he touched the socket of Jacob's hip so that his hip was wrenched as he wrestled with the man.

하나님이 그의 환도뼈를 치신 것은 그를 완전 다리병신으로 만들어 버린 것이다. 고관절이 위골된 것이다.

그랬을 때에 야곱은 그가 하나님이신 것을 알고 있었다.

그리고서는 이제는 자신을 축복하여 달라고 말한다.

(26)그 사람이 가로되 날이 새려하니 나로 가게 하라 야곱이 가로되
당신이 내게 축복하지 아니하면 가게 하지 아니하겠나이다

Then the man said, "Let me go, for it is daybreak." But Ja-
cob replied, "I will not let you go unless you bless me."

(27)그 사람이 그에게 이르되 네 이름이 무엇이냐 그가 가로되 야곱이
니이다

The man asked him, "What is your name?" "Jacob," he an-
swered.

(28)그 사람이 가로되 네 이름을 다시는 야곱이라 부를 것이 아니요
이스라엘이라 부를 것이니 이는 네가 하나님과 사람으로 더불어 겨루어
이기었음이니라

Then the man said, "Your name will no longer be Jacob, but
Israel, because you have struggled with God and with men
and have overcome."

(29)야곱이 청하여 가로되 당신의 이름을 고하소서 그 사람이 가로되
어찌 내 이름을 묻느냐 하고 거기서 야곱에게 축복한지라

(30)그러므로 야곱이 그곳 이름을 브니엘이라 하였으니 그가 이르기
를 내가 하나님과 대면하여 보았으나 내 생명이 보전되었다 함이더라

여기서 두 번째 질문은 즉 '야곱이 하나님을 이겼다는 말이 무슨
말인가?' 하는 것이다.

야곱은 아직도 자신을 하나님 앞에서 온전히 내려놓지 못하고 있었다. 즉 온전히 하나님께 항복이 안 된 상태이다.

에서로 하여금 400명의 군사를 이끌고 그를 죽이러 오게 하신 것도 하나님이신데 그 죽음 앞에서도 야곱은 자신의 생각 자신의 꾀를 부리는 것을 아직 내려놓지 못하고 있었던 것이다. 밤새 그렇게 하나님이 야곱과 씨름하였으나 야곱이 항복하지 아니하는 것을 보고 하나님은 그의 환도뼈를 쳐서 다리를 절게 하였다.

그리고 그 이름을 야곱이라 하지 말고 네가 하나님과 사람들과 더불어 이기었으니 네 이름을 이제는 이스라엘이라 하라 했다는 것이다. 즉 이스라엘이라는 말은 하나님을 이긴 자들이라는 말이다. 완고하고 완강한....... 목이 곧은 백성들을 말한다.

그래서 이스라엘이라는 뜻이 좋은 뜻이 아닌 것이다.

주여! 그들을 용서하여 주시옵소서.

[눅 13:23-29]

(23)혹이 여짜오되 주여 구원을 얻는 자가 적으니이까 저희에게 이르시되 (24)좁은 문으로 들어가기를 힘쓰라 내가 너희에게 이르노니 들어가기를 구하여도 못하는 자가 많으리라 (25)집 주인이 일어나 문을 한번 닫은 후에 너희가 밖에 서서 문을 두드리며 주여 열어 주소서 하면 저가 대답하여 가로되 나는 너희가 어디로서 온 자인지 알지 못하노라 하리니 (26)그 때에 너희가 말하되 우리는 주 앞에서 먹고 마셨으며 주는 또한 우리 길거리에서 가르치셨나이다 하나 (27)저가 너희에게 일러 가로되 나는 너희가 어디로서 왔는지 알지 못하노라 행악하는 모든 자들아

나를 떠나 가라 하리라 (28)너희가 아브라함과 이삭과 야곱과 모든 선지자는 하나님 나라에 있고 오직 너희는 밖에 쫓겨난 것을 볼 때에 거기서 슬피 울며 이를 갊이 있으리라 (29)사람들이 동서 남북으로부터 와서 하나님의 나라 잔치에 참석하리니

그리고 그 후에 그가 온전히 하나님 앞에서 항복되지 않고 내려놓지 않음이 어디서 발견되어졌냐면 그는 벧엘로 올라가야 하는데 그곳으로 올라가지 않고 중간에 세겜에 머물렀다는 것이다.
즉 그는 그가 처음 가나안을 떠날 때에 형 에서를 피하여 도망할 때에 하나님께 약속하였던 것처럼 다시 가나안을 돌아올 때에는 이 벧엘로 올라가야 했었는데 그는 그 약속을 어기고 중간 세겜에 머문 것이다.
야곱이 형 에서를 무서워하여 도망할 때에 가는 길에서 그는 하나님을 만나게 된다.

[창 28:10-22]
(10)야곱이 브엘세바에서 떠나 하란으로 향하여 가더니 (11)한 곳에 이르러는 해가 진지라 거기서 유숙하려고 그곳의 한 돌을 취하여 베개하고 거기 누워 자더니 (12)꿈에 본즉 사닥다리가 땅위에 섰는데 그 꼭대기가 하늘에 닿았고 또 본즉 하나님의 사자가 그 위에서 오르락 내리락하고 (13)또 본즉 여호와께서 그 위에 서서 가라사대 나는 여호와니 너의 조부 아브라함의 하나님이요 이삭의 하나님이라 너 누운 땅을 내가 너와 네 자손에게 주리니 (14)네 자손이 땅의 티끌 같이 되어서 동서

남북에 편만할지며 땅의 모든 족속이 너와 네 자손을 인하여 복을 얻으리라 (15)내가 너와 함께 있어 네가 어디로 가든지 너를 지키며 너를 이끌어 이 땅으로 돌아오게 할지라 내가 네게 허락한 것을 다 이루기까지 너를 떠나지 아니하리라 하신지라 (16)야곱이 잠이 깨어 가로되 여호와께서 과연 여기 계시거늘 내가 알지 못하였도다 (17)이에 두려워하여 가로되 두렵도다 이곳이여 다른 것이 아니라 이는 하나님의 전이요 이는 하늘의 문이로다 하고 (18)야곱이 아침에 일찌기 일어나 베개하였던 돌을 가져 기둥으로 세우고 그 위에 기름을 붓고 (19)그곳 이름을 벧엘이라 하였더라 이 성의 본 이름은 루스더라 (20)야곱이 서원하여 가로되 하나님이 나와 함께 계시사 내가 가는 이 길에서 나를 지키시고 먹을 양식과 입을 옷을 주사 (21)나로 평안히 아비 집으로 돌아가게 하시오면 여호와께서 나의 하나님이 되실 것이요 (22)내가 기둥으로 세운 이 돌이 하나님의 전이 될 것이요 하나님께서 내게 주신 모든 것에서 십분 일을 내가 반드시 하나님께 드리겠나이다 하였더라

이렇게 말해놓고 이것을 지키지 않은 것이다.
즉 야곱은 벧엘로 올라가야 했는데 세겜에서 머물렀다.

[창 33:18-20]
(18)야곱이 밧단아람에서부터 평안히 가나안 땅 세겜 성에 이르러 성 앞에 그 장막을 치고 (19)그 장막 친 밭을 세겜의 아비 하몰의 아들들의 손에서 은 일백개로 사고 (20)거기 단을 쌓고 그 이름을 엘엘로헤이스라엘이라 하였더라

그리하였더니 하나님은 야곱으로 하여금 처음에 약속하였던 벧엘로 올라가게 하기 위하여 세겜에서 디나의 강간사건을 일으키신다.

[창 34:1-2]
(1)레아가 야곱에게 낳은 딸 디나가 그 땅 여자를 보러 나갔더니
(2)히위 족속중 하몰의 아들 그 땅 추장 세겜이 그를 보고 끌어들여 강간하여 욕되게 하고

그래서 시므온과 레위가 자신의 누이가 더럽힘을 당함을 보고
하몰의 아들 그 땅 추장 세겜을 속여서 그에 속한 모든 남자를 할례를 받게 하고 고통이 가장 심한 삼일 째에 가서 하몰과 그의 아들 세겜 그리고 거기의 모든 남자를 죽여 버린다.

그러자 야곱이 주위 족속들에 의하여 공격을 당할까보아 두려움에 휩싸인다.

[창 34:30-31]
(30)야곱이 시므온과 레위에게 이르되 너희가 내게 화를 끼쳐 나로 이 땅 사람 곧 가나안 족속과 브리스 족속에게 냄새를 내게 하였도다 나는 수가 적은 즉 그들이 모여 나를 치고 나를 죽이리니 그리하면 나와 내 집이 멸망하리라 (31)그들이 가로되 그가 우리 누이를 창녀같이 대우함이 가하니이까

이 때에 하나님이 야곱에게 나타나 이렇게 지시한다.

[창 35:1]

하나님이 야곱에게 이르시되 일어나 벧엘로 올라가서 거기 거하며 네가 네 형 에서의 낯을 피하여 도망하던 때에 네게 나타났던 하나님께 거기서 단을 쌓으라 하신지라

즉 야곱은 벧엘로 올라가서 단을 쌓아야 했는데 엉뚱한데 가서 세겜에 가서 단을 쌓았던 것이다.

그래서 하나님은 디나의 강간사건이 일어나게 만들어서라도 그를 벧엘로 불러 올려야 하셨던 것이다.

[창 35:2-7]

(2)야곱이 이에 자기 집 사람과 자기와 함께 한 모든 자에게 이르되 너희 중의 이방 신상을 버리고 자신을 정결케 하고 의복을 바꾸라 (3)우리가 일어나 벧엘로 올라가자 나의 환난날에 내게 응답하시며 나의 가는 길에서 나와 함께 하신 하나님께 내가 거기서 단을 쌓으려 하노라 하매 (4)그들이 자기 손에 있는 모든 이방 신상과 자기 귀에 있는 고리를 야곱에게 주는지라 야곱이 그것들을 세겜 근처 상수리나무 아래 묻고 (5)그들이 발행하였으나 하나님이 그 사면 고을들로 크게 두려워하게 하신 고로 야곱의 아들들을 추격하는 자가 없었더라 (6)야곱과 그와 함께 한 모든 사람이 가나안 땅 루스 곧 벧엘에 이르고 (7)그가 거기서 단을 쌓고 그곳을 엘벧엘이라 불렀으니 이는 그 형의 낯을 피할 때에 하나

님이 그에게 거기서 나타나셨음이더라

할렐루야.

▷ **질문 6 :**
그러면 언제 그가 온전히 하나님 앞에 내려놓는 자가 되어졌는가?
하는 것이다.

야곱의 환란은 여기서 끝나지 않았다.
하나님은 그에게 12아들을 주었건만 그는 아들들을 편애하였다.
즉 라헬이 낳은 아들들을 편애하였던 것이다. 그중에서도 장자 요셉
을 편애하였다. 채색옷을 그에게만 입힐 정도였다. 그러던 그에게 또
큰 환란이 찾아오는데 그것은 그렇게 편애하던 요셉을 잃게 되는 사
건이었다. 그때 그는 이제 세상이 끝난 것 같은 심경을 갖게 된다.

[창 37:31-35]
(31)그들이 요셉의 옷을 취하고 수염소를 죽여 그 옷을 피에 적시고
(32)그 채색옷을 보내어 그 아비에게로 가져다가 이르기를 우리가 이것
을 얻었으니 아버지의 아들의 옷인가 아닌가 보소서 하매 (33)아비가 그
것을 알아보고 가로되 내 아들의 옷이라 악한 짐승이 그를 먹었도다 요
셉이 정녕 찢겼도다 하고 (34)자기 옷을 찢고 굵은 베로 허리를 묶고 오
래도록 그 아들을 위하여 애통하니
(35)그 모든 자녀가 위로하되 그가 그 위로를 받지 아니하여 가로되

내가 슬퍼하며 음부에 내려 아들에게로 가리라 하고 그 아비가 그를 위하여 울었더라

요셉을 잃었을 때에 그의 심경은 찢어질 대로 다 찢어졌다.

결국 그는 요셉을 잃고 나서야 그는 이제 모든 것을 내려놓는 자가 되었던 것이다.

그래서 그는 자신이 죽어서 음부에 내려가서 아들에게 가리라고 까지 말하였던 것이다.

[창 45:25-28]

(25)그들이 애굽에서 올라와 가나안 땅으로 들어가서 아비 야곱에게 이르러 (26)고하여 가로되 요셉이 지금까지 살아 있어 애굽 땅 총리가 되었더이다 야곱이 그들을 믿지 아니하므로 기색하더니

And they told him, saying, "Joseph is still alive, and he is governor over all the land of Egypt." And Jacob's heart stood still, because he did not believe them.

(27)그들이 또 요셉이 자기들에게 부탁한 모든 말로 그 아비에게 고하매 그 아비 야곱이 요셉의 자기를 태우려고 보낸 수레를 보고야 기운이 소생한지라 (28)이스라엘이 가로되 족하도다 내 아들 요셉이 지금까지 살았으니 내가 죽기 전에 가서 그를 보리라

야곱은 정말 자신의 꾀와 자신의 생각을 내려놓지 못하여 정말 험한 세월을 보냈어야 했다. 주여!

▷ 질문 7 :

어떻게 이삭이 야곱이 돌아오기까지 살아있었는가? 하는 것이다.

야곱이 외삼촌 집 라반의 집으로 도망할 때에 이삭의 나이는 137
세였다. 그래서 눈이 멀어 안 보인다고 했다.

왜냐하면 이삭의 60세에 야곱이 태어났는데 야곱의 나이 77세 때
에 에서를 피하여 외삼촌 라반의 집으로 갔기 때문이다. 그 때 벌써
이삭은 죽을 날이 가까워서 눈도 잘 안 보이고 하여 장자의 축복을
원했었고 또 했다. 죽기 전에 말이다. 그런데 야곱이 아버지와 에서
를 속이고 에서 대신 장자의 축복을 받아낸 후에 에서의 눈을 피하여
외삼촌 라반의 집에 도망가서 20년이라는 세월을 보내고 돌아왔는
데도 이삭은 죽지 않고 살아 있었다.

내 질문은 어찌 이것이 가능한가 하는 것이었다.

여기에 대하여 역시 주님은 내게 생각으로 알게 하여 주신다.

이삭은 장자의 축복을 야곱이 자신을 속여서 빼앗아간 사건이후
로 그는 이제 하나님의 뜻에 순복하게 된다.

리브가의 입을 통하여 하나님이 그 후손이 야곱을 통하여 내려갈
것을 들었건만 이삭은 에서를 편애하여 그에게 장자권의 축복을 주
려 하였다.

[창 25:21-28]

(21)이삭이 그 아내가 잉태하지 못하므로 그를 위하여 여호와께 간구

하매 여호와께서 그 간구를 들으셨으므로 그 아내 리브가가 잉태하였더니 (22)아이들이 그의 태 속에서 서로 싸우는지라 그가 가로되 이같으면 내가 어찌할꼬 하고 가서 여호와께 묻자온대 (23)여호와께서 그에게 이르시되 두 국민이 네 태중에 있구나 두 민족이 네 복중에서부터 나누이리라 이 족속이 저 족속보다 강하겠고 큰 자는 어린 자를 섬기리라 하셨더라 (24)그 해산 기한이 찬즉 태에 쌍동이가 있었는데 (25)먼저 나온 자는 붉고 전신이 갖옷 같아서 이름을 에서라 하였고 (26)후에 나온 아우는 손으로 에서의 발꿈치를 잡았으므로 그 이름을 야곱이라 하였으며 리브가가 그들을 낳을 때에 이삭이 육십세이었더라 (27)그 아이들이 장성하매 에서는 익숙한 사냥꾼인 고로 들사람이 되고 야곱은 종용한 사람인 고로 장막에 거하니 (28)이삭은 에서의 사냥한 고기를 좋아하므로 그를 사랑하고 리브가는 야곱을 사랑하였더라

이삭의 심중을 알아챈 리브가가 하나님의 뜻을 알므로 수를 쓴 것이다.

[창 27:1-10]

(1)이삭이 나이 많아 눈이 어두워 잘 보지 못하더니 맏아들 에서를 불러 가로되 내 아들아 하매 그가 가로되 내가 여기 있나이다 하니 (2)이삭이 가로되 내가 이제 늙어 어느날 죽을는지 알지 못하노니 (3)그런즉 네 기구 곧 전통과 활을 가지고 들에 가서 나를 위하여 사냥하여 (4)나의 즐기는 별미를 만들어 내게로 가져다가 먹게 하여 나로 죽기 전에 내 마음껏 네게 축복하게 하라 (5)이삭이 그 아들 에서에게 말할 때에 리브가가 들었더니 에서가 사냥하여 오려고 들로 나가매 (6)리브가가 그 아

들 야곱에게 일러 가로되 네 부친이 네 형 에서에게 말씀하시는 것을 내가 들으니 이르시기를 (7)나를 위하여 사냥하여 가져다가 별미를 만들어 나로 먹게 하여 죽기 전에 여호와 앞에서 네게 축복하게 하라 하셨으니 (8)그런즉 내 아들아 내 말을 좇아 내가 네게 명하는 대로 (9)염소떼에 가서 거기서 염소의 좋은 새끼를 내게로 가져오면 내가 그것으로 네 부친을 위하여 그 즐기시는 별미를 만들리니 (10)네가 그것을 가져 네 부친께 드려서 그로 죽으시기 전에 네게 축복하기 위하여 잡수시게 하라

그리하여 리브가는 하나님이 말씀하신 대로 야곱으로 하여금 에서로 분장하게 하여 아버지를 속여서 장자의 축복을 받아내게 한 것이다.

그리고 나서 에서가 와서 아버지에게 '나에게도 장자의 축복을 하여 주소서' 하니 그제서야 이삭은 원래 하나님의 뜻을 생각하게 된다.

즉 하나님이 말씀하신대로 야곱이 그 후손을 이어나가야 하는 것을 깨우치게 된다.

그후에 에서가 자기를 속인 야곱을 죽이려 하여 야곱이 외삼촌 라반의 집에 도망가서 20년이라는 세월을 보내게 되는데 이삭은 이 야곱이 돌아와서 하나님이 하신 말씀대로 자신의 후손을 통하여 네 후손이 하늘의 별과 같이 많아질 것이라 하는 약속의 말씀이 성취되기 전에는 죽을 수가 없었던 것이다.

그러므로 그는 야곱이 안전히 가나안에 돌아오기까지 살아있게 하여 달라고 하나님께 빌었고 또 하나님은 그의 기도를 들어주신 것이다. 할렐루야.

그러므로 야곱이 귀향할 때에 야곱의 나이는 97세였고 이삭의 나이는 157세였다.

그리고 그 후 23년을 더 살다가 그의 나이 180세에 죽었다.

▷ 질문 8 :

나는 야곱에게 물었다.

어찌 팥죽 한 그릇에 장자권을 에서에게서 빼앗을 생각을 했냐?고 그랬더니 야곱이 말한다. 에서가 미웠다고...

이유는 첫째, 아버지에게 총애를 받는 것도 싫었고

또 두 번째 이유는 거의 같은 시간에 나왔는데, 촌각을 다투고 나왔는데 그것 때문에 그가 내 형이 된 것을 인정할 수 없었다고.... 그래서 먼저 나가는 에서의 발꿈치를 잡을 수 밖에 없었다고....... 하여간 야곱의 꾀는 대단하다는 생각이 들었다.

[창 25:27-34]

(27)그 아이들이 장성하매 에서는 익숙한 사냥꾼인 고로 들사람이 되고 야곱은 종용한 사람인 고로 장막에 거하니 (28)이삭은 에서의 사냥한 고기를 좋아하므로 그를 사랑하고 리브가는 야곱을 사랑하였더라 (29)야곱이 죽을 쑤었더니 에서가 들에서부터 돌아와서 심히 곤비하여 (30)야곱에게 이르되 내가 곤비하니 그 붉은 것을 나로 먹게 하라 한지라 그러므로 에서의 별명은 에돔이더라 (31)야곱이 가로되 형의 장자의 명분을 오늘날 내게 팔라 (32)에서가 가로되 내가 죽게 되었으니 이 장자의 명분이 내게 무엇이 유익하리요 (33)야곱이 가로되 오늘 내게 맹세하라

에서가 맹세하고 장자의 명분을 야곱에게 판지라 (34)야곱이 떡과 팥죽
을 에서에게 주매 에서가 먹으며 마시고 일어나서 갔으니 에서가 장자
의 명분을 경홀히 여김이었더라

58

라헬의 집에 가보다.

2014. 5. 10

천국에 올라갔다.

올라가는데 나를 데리러 온 수레 주위에 무궁화 꽃들이 보였다.

황금대문을 여는 천사들의 옷차림이 바뀌어져 있었다.

황금수레 마차가 천국의 황금대로 왼편에 도착하였다.

내가 내리자 흰 날개 달린 두 천사가 내 손을 각각 잡고 나를 주님께로 인도하였다.

옆쪽으로는 무궁화 꽃이 만발하여 있는 황금 길을 주님과 내가 함께 걸었다.

한참을 걷고 있는데 요셉과 야곱이 나타나서 우리를 맞아 주었다.

우리는 모두 같이 구름을 탔다.

구름위에 의자가 마련되어 있어서 주님과 내가 의자에 앉았고 요셉과 야곱이 주님 옆으로 차례로 앉았다. 그리고서는 그 구름은 우리를 저 멀리 아름다운 성으로 데리고 갔다.

그 성은 참으로 아름다웠는데 라헬의 집이라는 것이 알아졌다.

우리는 라헬의 집으로 들어갔다.

둥근 큰 테이블이 거실에 놓여 있었고 라헬과 베냐민이 집안에서 우리를 기다리고 있었다.

나는 베냐민은 라헬을 닮았고 요셉은 야곱을 닮은 것이 알아졌다.

주님과 내가 이편에 앉았고 맞은편에 요셉 야곱 베냐민 라헬이 차례로 시계방향으로 앉았다.

그리고는 누군가가 문을 두드리는 바람에 뭘 물어보지를 못하고 내려와야 했다.

59

요셉이 보디발의 아내의
유혹을 이길 수 있었던 것은
하나님으로부터 오는 힘이었다..

2014. 5. 12

천국에 올라갔다.

천국의 황금진주 대문을 여는 천사들이 여성 천사들인 것이 알아졌다. 황금대로에 나를 태운 마차가 도착하였다.

내가 마차에서 내릴 때에 두 날개 달린 천사들이 하나는 여성천사이고 하나는 남성천사임이 알아졌다.

이들이 나의 손 한 손씩을 잡고 나를 주님께로 인도하였다.

주님과 함께 황금 길을 걸어가는데 벌써 길 가운데에 요셉과 야곱이 와 있었다. 그런데 그들은 각각 말 두필씩을 갖고 나타났다.

흰 말과 진갈색 말 두필씩을 갖고 나타났다.

주님과 내가 두필에 먼저 타고 또 요셉과 야곱이 나머지 두필에 타고서는 그 황금 길을 달렸는데 모두가 다 바닷가에 도착한 것이다.

유리바닷가의 금으로 된 모래사장에 의자가 네 개가 놓이고 우리는 모두 거기에 앉았다.

내가 요셉에게 질문하였다.

'어찌 그 끈질긴 보디발의 아내의 유혹을 이길 수 있었냐'고 말이다.

그랬더니 요셉이 이렇게 말하는 것이 알아졌다.

'그것만이 주인에 대한 예우를 지키는 것이었다'고.

그래서 요셉은 그 보디발의 아내에게 이렇게 말한 것이 알아졌다.

[창 39:9]

이 집에는 나보다 큰이가 없으며 주인이 아무 것도 내게 금하지 아니하였어도 금한 것은 당신 뿐이니 당신은 자기 아내임이라 그런즉 내가 어찌 이 큰 악을 행하여 하나님께 득죄하리이까

나는 그 순간 인간이 육신을 다스릴 수 있는 것은 하나님으로만 할 수 있다는 사실을 알게 되었다. 할렐루야.

60

나를 '친구야!' 하고 부르시는 주님.

2014. 5. 12

천국에 올라가니 주님이 나를 맞아주시면서 '친구야!' 라고 부르신다. 아니 왜 나를 친구야! 하고 부르시지?

처음으로 주님이 내게 친구야! 하고 부르신 것이다.

주님이 보트에 타시고 나도 보트에 탔다.

그리고 주님이 말씀하신다.

'내가 너를 세계위에 세웠다.'라고 말씀하신다.

아니 이것은 또 무슨 말씀이신지?

오늘 나를 친구야! 하고 부르시더니 이제는 나에게 '내가 너를 세계위에 세웠다'라고 말씀하시는 것이다.

이것은 나에게 세계를 돌아다니며 천국과 지옥을 본 것을 간증하라고 하시는 것으로 알아졌다. 주여!

[고전 3:9]

우리는 하나님의 동역자들이요 너희는 하나님의 밭이요 하나님의 집이니라

61

천국에서는
수많은 사람들이 동시에
동일한 한 메시지를 전달할 수 있다.

2014. 5. 13

아침에 천국에 올라갔다.

주님이 한 번도 가보지 못한 새로운 길로 나를 인도하셨다.

그 길 좌편으로는 아이스처럼 생긴 백진주 바위들이 있고 그 사이 틈들에 예쁜 주황색 꽃들이 피어 있었다.

이 길은 대체 어디로 인도되는 길일까?

무척 궁금하기도 했고 또한 기대도 되었다.

저녁에 다시 천국에 올라갔다.

또 다시 이 길을 오게 되었다.

그 다음 주님은 내게 많은 사람이 나를 기다리고 있음을 알게 하셨다. 그들은 누구며 왜 나를 기다리고 있을까? 하고 궁금하였다.

그랬더니 주님은 내게 알게 하시기를 그들이 내게 줄 메시지가 있다는 것이었다.

아니 어떻게 그 많은 사람들이 내게 메시지를 줄 수 있을까? 하고 궁금해 하였다.

아니 그들이 한 명씩 나에게 메시지를 적어 줄 것인가? 나는 도저히 그것이 불가능하여 보였다. 그렇게 많은 사람들이 나를 기다리고 있다면 말이다.

주님은 그 많은 사람들이 나를 기다리고 있다했는데 그곳은 컨벤션 센터보다 약 서너 배가 더 큰 건물에 층층에 많은 사람들이 앉아 있었다. 그리고 주님과 내가 도착하자 그들은 모두 다 자리에서 일어서서 주님과 나를 환영하는 것이었다.

와우 대단하다!

그런데 그들이 한꺼번에 모두 동일하게 내게 주는 한 메시지가 있었다. 그냥 마음으로 알게 하신다.

'모든 것 걱정하지 말고 기다리라' 말씀하신다.

요즘에 내게 무척 걱정이 되는 일이 있었다. 그것에 대한 대답이었다. 할렐루야!

62

천국에서
라헬과 레아와 대화하다.

2014. 5. 15

천국에 올라가기 위해 마차와 천사들을 기다리는데 주님이 벌써
마차 옆에 와 계신다.

그리고 나와 함께 마차를 타고 천국으로 올라갔다.

마차가 내리는 곳은 천국 황금대로 왼편이다.

주님과 내가 그곳에 사뿐히 내렸다.

주님과 내가 황금대로를 걷고 있는데 벌써 요셉과 야곱 그리고 베
냐민과 라헬이 와 있었다.

그리고 또 유다와 레아가 도착했다.

우리 모두는 야곱의 집에 왔다.

레아와 유다와 나는 집안의 소파에 앉았다.

나는 레아에게 물었다.

야곱과의 첫날밤에 사실 야곱이 라헬을 위하여 7년 동안 열심히

일한 것을 알고 있었을 것인데 어찌 어찌 레아는 그것을 알면서도 아버지 라반이 그렇게 하라고 한다하여 야곱을 속일 수 있었냐고 물었다.

어찌 아버지의 그 계획에 동의하였는가 하고 물었다.

그녀는 말했다.

그녀는 아버지의 계획을 다 알고 있었다고 말했다.

야곱이 자신과 7일을 채운 후에 라헬도 그의 부인이 될 것을 알고 있었다 한다. 그러므로 그렇게 큰 죄책감이 없었다고 말했다.

그 다음 나는 라헬에게 질문했다.

라헬, 내가 알기로는 라헬이 야곱이 자신을 사랑하는 줄을 알았을 텐데 그래서 7년 동안 열심히 아버지께 일하여준 것을 알고 있었을 것인데 나중에 아버지와 언니가 자신을 속이고 아버지가 언니를 야곱에게 먼저 준 것에 대하여 어떻게 생각했냐고 물었다.

라헬은 아버지와 언니가 매우 미웠다고 말했다.

자신도 야곱은 자기의 남자라 생각했다는 것이다.

그러나 어찌하였든 야곱은 라헬을 얻게 된다.

그런데 성경은 이렇게 말하고 있다.

'레아에게 남편의 총이 없음을 보고 하나님께서 레아에게 태를 여셨다'고 말한다.

여기서 우리는 하나님의 공평하심을 볼 수 있다.

라헬은 남편의 사랑을 받았으나 아이가 없었다.

그러는 중에 레아는 네 명의 아들들을 야곱에게서 낳게 된다.

르우벤, 시므온, 레위, 유다까지....

그러자 라헬의 질투가 극에 달했다.

그래서 라헬은 야곱의 아이를 가지고자 레아의 첫아들 르우벤의 합환채를 레아를 야곱의 방에 대신 넣어 주고 사게 된다.

야곱은 이 두 형제 레아와 라헬 사이에서 험한 세월을 보낸다. 전혀 행복하지 않았다.

여기서 주님은 내게 알게 하시는 것이 있었다. 그것은 첫날 밤 야곱이 자고 일어났을 때에 라헬이 아니라 레아였다는 것은 하나님의 계획이었다. 야곱이 형과 아버지를 속인 것을 회개시키기 위한 ...

그는 그 때에야 형과 아버지를 속인 것을 철저히 회개했다.

그 회개함을 보시고 하나님은 라헬을 주신 것이다.

그러나 야곱은 이 두 여자 형제 속에서 정말 행복하지 않았다.

이것은 야곱이 형과 아버지를 속인 죄의 대가를 치른 것이었다는 것을 알게 하여 주신 것이다.

이것은 마치 다윗이 우리야의 아내 밧새바를 취하고 그 남편 우리야를 전장에서 죽게 한 것에 대하여 다윗은 철저한 회개는 하였으나 그가 저지른 죄의 대가는 치르게 하셨다는 것이다.

그래서 다윗의 집안에 칼이 떠나지 않았던 것이다.

마찬가지로 야곱은 형과 아버지를 속인 것을 회개는 하였으나 그러나 살면서 그 죄의 대가는 치러야 했던 것이다.

그중의 하나가 바로 야곱이 이 여자 두 형제 속에서 그들의 질투와

시기 속에서 약 20년 동안 라헬이 죽을 때까지 지내야 했다는 것을 주님이 내게 알게 하여 주신 것이다.

할렐루야.

후원계좌 :

Paypal Account:
lordslovechristianchurch@yahoo.com

은행구좌 (Bank account) :

1. JPMorgan Chase Bank, N.A
   예금주: Lord's Love Christian Church
   구좌번호 (account number): 860768576
   은행고유번호(routing number): 322271627
   SWIFT/BIC Code : CHASUS33

2. Citibank N.A.
   예금주 (Acc. Name): Lord's Love Christian Church
   계좌번호 (Acc#): 207190448
   은행고유번호 (ABA #): 322271724
   SWIFT CODE: CITIUS33

3. 한국, 신한은행
   예금주 : 주님의 사랑교회
   계좌번호 : 140-012-615297

※ 작은 금액은한국 신한은행으로 해도 되지만 큰 금액은 반드시
   미국은행(교회이름으로 되어 있어서 세금면제 혜택을 받습니다)
   으로 보내주시면 감사하겠습니다.

미국연락처 :

Tel: 213-305-0000
E-mail: sarahseoh@ymail.com
Home page: http://pastorsarah.org

주님이 하셨습니다.
　　모든 영광을 주님께..

천국과 지옥 간증 수기 3 **성경편 제 1 권 – 창세기**

초판인쇄　　2015년 1월 15일
초판발행　　2015년 1월 17일
초판 5쇄　　2021년 3월 03일

저　　자　　서사라
펴 낸 이　　최성열
펴 낸 곳　　하늘빛출판사
연 락 처　　010-2284-3007
출판등록　　제251-2011-38호
이 메 일　　csr1173@hanmail.net
I S B N　　978-89-969185-5-4
가　　격　　12,000원